PLAIDOYERS

ET

MÉMOIRES

DE M. L... D... M...

Loyseau de Mauléon

TOME PREMIER.

AVIS AU RELIEUR,

Sur l'ordre à ſuivre pour les Pièces qui compoſent chaque Volume.

TOME PREMIER.

PLAIDOYER

POUR JOSEPH-JEAN-FRANÇOIS ELIE LEVI, ci-devant BORACH LEVI, Appellant comme d'abus.

CONTRE M. l'Evêque de Soiſſons, Pair de France, Intimé.

MESSIEURS,

LORSQUE deux Infidèles ſe ſont mariés ſous une Loi qui autoriſoit le divorce, ſi l'un des deux a embraſſé la Religion Chrétienne, & que celui qui eſt

8 A

resté dans les ténebres ne veuille plus, par haine pour la vraie Religion, demeurer avec le nouveau Converti, celui-ci, ainsi abandonné, pourra-t-il ou ne pourra-t-il pas prendre une autre épouse dans l'Eglise? Telle est l'importante question sur laquelle vous avez à prononcer.

Cette Cause, Messieurs, s'étoit déja présentée devant vous : des Objets d'un autre ordre en ont interrompu le cours; permettez-moi de le suspendre encore quelques momens pour rendre un hommage public au Magistrat * que nous perdons.

* M. de Meaupou, ancien Premier Président.

Le Sanctuaire qui nous rassemble a déja retenti plus d'une fois avant sa retraite, des éloges qu'il méritoit. Il me semble entendre encore toutes les voix le féliciter à l'envi sur le zèle qui animoit, pour le bien de l'Etat, & les démarches que lui prescrivoit son rang, & les discours dont il étoit le digne organe; sur son grand art à porter noblement à son Maître les vœux & la fidélité de cette auguste Compagnie; sur ces témoignages si touchans de reconnoissance & d'amour que le Public s'empressoit de lui rendre; car les honneurs que d'ordinaire le mérite n'obtient que de la seule postérité, ont été comme avancés pour lui : on l'a rendu le témoin de sa propre gloire, & nul autre grand homme n'a plus promptement recueilli la récompenfe de fes fuccès.

Mais, Meffieurs, les qualités qu'il réunit offrent un champ fi vafte, que, fans toucher à celles que tant de bouches ont déja célébrées, il eft facile d'en admirer bien d'autres. Que dirai-je de fon application, de fon exactitude, de fon travail infatigable; de fon affabilité, de cette aimable férénité, qui, confervée dans les tems les moins calmes, caractérifoit fi parfaitement la grandeur de fon ame? Que dirai-je de cette éloquence du moment, qui, auffi fupérieure à la préparation, que la nature eft fupérieure à l'art, donne à celui qui la poffede un empire d'autant plus abfolu fur les autres, qu'il eft le fruit de celui qu'on a fur foi-même.

Plus tous ces avantages rendoient précieufe fa fanté, moins fon zèle lui laiffoit prendre de ménagemens & de foins. Une infirmité douloureufe qui le tourmente depuis bien des années, n'avoit paru refpecter quelque tems l'importance de fes fonctions, que parce qu'emporté par l'excès même de fon ardeur, l'activité fufpendoit fes douleurs, le courage fuppléoit à fes forces. Cédant enfin à de longues fatigues, & affoibli par des travaux pénibles qui lui rendent le repos néceffaire, il va jouir au fein d'une retraite douce & tranquille de la réputation que fes talens & fes vertus lui ont acquife.

Mais, Meffieurs, pour calmer nos regrets, portons les yeux fur la place que ce Magiftrat occupoit: quel eft le Succeffeur * qui la remplit ?

* M. Molé, Premier Préfident actuel.

Son nom feul rappelle à tous les cœurs cet homme célebre qui, raffemblant toutes les vertus du Magiftrat & du Héros, toujours ferme dans les agitations d'une dangereufe minorité, inébranlable au fein des troubles d'une Régence tumultueufe, oppofoit dans ces temps incertains de paix & de ruptures, d'exils & de rappels, fa confcience aux malheurs, & aux orages fon intrépidité.

Mais ce n'eft pas, Monfieur, la paix que l'un de vos Ancêtres ramena dans ce Sénat illuftre qui vous attire nos hommages. Digne héritier de fon mérite, ainfi que de fon rang, vous marchez aujourd'hui fur fes traces ; & comme les Orateurs qui exprimoient alors à ce grand Magiftat les fentimens de toute la Patrie, ne cherchoient point dans les faftes de fa maifon des traits flatteurs, mais étrangers à fa perfonne, de même qu'ils n'avoient point recours aux exploits de fes ayeux lorfqu'ils chafferent, fous Charles VII. les ennemis de nos frontieres ; nous puifons aujourd'hui, Monfieur, nos éloges dans vos fervices, dans vos vertus.

Nous admirons cette droiture exacte, cette inté-
grité scrupuleuse, cette précieuse sincérité, cet esprit
d'ordre & de sagesse, ce cœur exempt de préventions
& de passions, cet amour incorruptible pour la justice
& pour la vérité, qui, éclairé par des lumieres sûres,
& tempéré par une bonté noble, forme le caractere
du vrai Magistrat & le vôtre. Une main aussi digne
du choix que le Prince en a fait, saura peser avec
justesse les intérêts de ses Sujets. C'est par-là qu'environné du lustre dont vos peres ont brillé sur le Siege
où vous êtes, à cet éclat héréditaire vous joignez une
gloire personnelle, vous ajoutez à ce patrimoine
d'honneur votre propre réputation.

Il est heureux pour moi d'avoir à défendre aujour-
d'hui une cause dont l'importance réponde à la so-
lemnité de cette premiere audience. C'est une cause
qui touche également les droits qu'assurent de concert
à un nouveau Fidèle & la Religion & l'Etat. Tout
l'Univers connoît, Messieurs, votre zele dans ces
sortes d'affaires, & tandis que le citoyen attendri en
recueille les fruits avec reconnoissance, les Nations
étrangeres en suivent les progrès avec admiration.

Je soutiens qu'un Néophyte, abandonné par sa
femme toujours Infidelle, acquiert par cette déser-

tion le droit de prendre une autre épouſe dans la Religion Catholique.

Ce n'eſt pas, Meſſieurs, que je ne ſache combien
le mariage en lui-même doit être ſolide & permanent
ſous quelque Loi qu'il ait été formé : que c'eſt par-
tout une alliance durable, que le vœu des contrac-
tans, le repos des familles, l'intérêt des enfans, le
bien de la ſociété exigent que l'on reſpeɛte comme
une alliance de toute la vie. Ces Nations même qui
permettent de le diſſoudre ne l'ont pas enviſagé d'un
autre œil ; & lorſque les Romains autoriſoient par
leurs Loix le divorce, ils n'en définiſſoient pas moins
le mariage *une ſociété individuelle*.

Mais ſi ces Peuples Infidèles, qui ont porté la ſageſſe des Loix auſſi loin que la ſeule raiſon le pouvoit
faire, ont conſidéré le mariage comme indiſſoluble
dans ſon but & dans l'intention des Parties, c'eſt-à-
dire *inſpeɛto voto*, pour parler leur langage ; il étoit
réſervé à un Légiſlateur d'un autre ordre de le ſceller
du ſceau d'une individuité ſi parfaite, qu'il ne pût
être jamais rompu par aucun autre événement que
par la mort.

Si donc cette indiſſolubilité entiere & abſolue a
pris ſa ſource dans les dogmes de notre Religion,
gardons-nous bien d'étendre ce caraɛtere tout chré-

tien à des nœuds contractés dans l'erreur, & craignons
que par une application fauffe de principes vrais en
eux - mêmes , notre zèle mal - entendu ne retran-
che plus à l'Eglife , qu'il ne lui donne en voulant la
fervir.

C'eft donc elle - même , c'eft fa doctrine qu'il faut
confulter fur ce point ; auffi, Meffieurs, c'eft dans
fon fein qu'Elie Levi va chercher fa défenfe.

Il ne vient point vous dire que fon mariage ayant
été formé loin d'elle , & fous une Loi qui permet le
divorce, c'eft un fimple contrat étranger à l'Eglife ,
fur lequel elle ne prononce point, qui ne touche qu'à
l'ordre civil, en un mot , un contrat ordinaire, au-
quel il faut laiffer fes conditions & fa nature.

Quand ces moyens feroient folides & bien fondés,
ils paroîtroient toujours fufpects dans la bouche d'un
nouveau Converti : il fembleroit que peu docile aux
ufages qui s'obfervent dans la Loi qu'il vient d'embraffer , il les évite & les récufe pour reclamer les privileges que lui donnoit fa Synagogue.

Ce n'eft donc point, encore une fois, Meffieurs,
dans les pratiques du Judaïfme qu'Elie Levi retourne
chercher fa défenfe ; il la puifera toute entiere dans
la difcipline de l'Eglife dont il refpecte aujourd'hui
les maximes.

F A I T.

Joſeph-Jean-François-Elie Levi, ci-devant appellé Borach Levi, Juif de naiſſance, originaire de Haguenau en Alſace, a été baptiſé, le 10 Août 1752, ſur la Paroiſſe de Montmagny dans le Dioceſe de Paris.

Son Baptême le rendit un objet d'averſion pour Mandel-Cerf, ſa femme, Juive & native de la même ville ; & quoiqu'elle en eût deux enfans, elle ne voulut plus demeurer avec lui.

Elie Levi lui fit d'abord les inſtances les plus preſſantes pour l'engager à ne le point quitter ; mais voyant qu'il ne pouvoit rien obtenir, il s'eſt trouvé forcé de conſtater juridiquement ſes refus. Il lui a fait faire, le 13 Mai 1754, une ſommation de venir le rejoindre & d'abjurer la Religion Judaïque, ſinon qu'il ſe pourvoiroit. Mandel a répondu que *réſolue de vivre & de mourir dans la Religion dans laquelle elle eſt née, elle ne vouloit aller joindre le Requérant ; qu'elle le ſommoit même de lui envoyer des Lettres de ſéparation ſuivant l'uſage & les cérémonies des Juifs, pour qu'elle pût paſſer de ſon côté à un nouveau mariage avec une perſonne Juive.*

Mandel

Mandel ne s'en est pas tenue à sa réponse du 13 Mai; on voit par un certificat du 15 du Greffier de Haguenau, qu'elle déclara pardevant le Steitmestre de cette ville qu'*elle persistoit & qu'elle ne vouloit point rejoindre son mari.*

Levi ne s'est pas contenté de cette premiere sommation; mais se flattant que les refus de sa femme n'étoient si obstinés qu'à cause de la proposition qu'il lui avoit faite d'abjurer elle-même sa Religion, il crut qu'en lui déclarant qu'elle pourroit l'exercer librement, il leveroit tous les obstacles.

Il lui en fit donc faire une seconde le 22 Octobre 1754, *de venir le rejoindre pour vivre & demeurer avec lui dans un libre exercice du Judaïsme, si elle n'aimoit mieux faire abjuration, à l'effet de quoi elle se déclarera dans les vingt-quatre heures, sinon qu'il se pourvoira contr'elle.*

Cette seconde sommation eut le même sort que la premiere, & Mandel-Cerf répondit qu'elle adhéroit à sa premiere réponse; que *née dans le Judaïsme elle vouloit y mourir;* qu'elle le sommoit encore de lui envoyer des Lettres de divorce, afin qu'elle pût trouver un époux Juif.

Levi perdant par-là toute espérance, & effrayé des dangers où l'alloit exposer cette fuite, fut rassuré par

8 B

la connoiffance qu'il avoit des droits que ce refus lui donnoit de paffer à de fecondes nôces dans fa nouvelle Religion.

Il fit d'abord conftater fon droit par un certificat du Secretaire de l'Evêché de Strasbourg, *qui attefte que par les Regiftres du Greffe il paroît que de tout tems il a été permis, dans le Diocefe de Strasbourg, aux Juifs baptifés de fe remarier avec des Catholiques, lorfque leurs femmes Juives ont refufé de co-habiter avec eux depuis leur Baptême ; que cet ufage a auffi été conftamment reconnu par le Confeil Souverain de Colmar.* Enfuite il préfenta fa Requête le 18 Octobre 1754 à l'Evêque d'Uranople, Grand-Vicaire & Official de Strasbourg, à l'effet de faire affigner Mandel-Cerf pour voir déclarer fon mariage diffous, & qu'il lui fût permis de fe pourvoir par mariage en face de l'Eglife Catholique, fauf à Mandel-Cerf à fe pourvoir de fon côté.

En conféquence affignation donnée le 28 Octobre : & le 7 Novembre Sentence de l'Official, qui, après lui avoir donné acte des fommations par lui faites à fa femme, & des déclarations par elle faites en réponfe, a en conféquence déclaré *qu'il étoit libre de fe pourvoir par mariage en face de l'Eglife, avec une perfonne de la même Religion.*

C'eft, Meffieurs, dans ces circonftances qu'il jetta les yeux fur Anne Thevard, qui demeuroit à Ville-neuve-fur-Bellot, dans le Diocefe de Soiffons; & Nicolas Thevard, pere, ainfi qu'Anne Thevard, lui ayant donné leur confentement par écrit, Levi fit en conféquence fignifier au Curé de Villeneuve-fur-Bel-lot, le 13 Juin 1755, & les fommations adreffées à Mandel & les réponfes contenant fes refus, & le certificat qui attefte l'ufage tant du Diocefe de Straf-bourg que du Confeil Souverain de Colmar, & la Sentence de l'Officialité qui confirme encore cet ufa-ge, en le déclarant libre de fe pourvoir par un fecond mariage. Puis, en vertu de tous ces titres, il le fomma de faire les publications néceffaires pour parvenir à ce mariage.

Le Curé de Villeneuve ne voulut pas prendre fur lui de remarier Elie Levi fans l'aveu de fes Supé-rieurs.

Elie Levi le fit donc affigner pardevant l'Official de Soiffons, le 30 Juin 1755, pour s'y voir enjoin-dre de faire les publications qu'il avoit refufées.

Sur cette affignation intervint une première Sen-tence de l'Officialité de Soiffons, qui déclare Elie Levi non-recevable, quant à préfent, dans fa de-mande.

Levi , qui s'étoit mis en regle fur tous les points qu'il avoit à remplir , qui avoit joint à tous les titres dont je vous ai parlé le certificat du Curé de Ville-neuve , prouvant qu'il demeuroit fur fa paroiffe depuis plus de quatorze mois , crut que le motif de la Sentence étoit que le délai porté par les fomma-tions faites à Mandel - Cerf , avoit paru trop bref.

Pour lever ce dernier obftacle , il crut devoir faire une troifiéme fommation à fa femme , telle que l'Of-ficial de Soiffons fembloit l'attendre par fa Sen-tence pour rendre à Levi tous fes droits.

Cette fommation fut faite le 15 Octobre 1755 : & le 17 Janvier 1756 il préfenta une nouvelle Re-quête à l'Official de Soiffons , par laquelle il deman-doit qu'ayant maintenant fatisfait à tout ce qu'on exi-geoit de lui , il fût paffé outre par l'Official au maria-ge qu'il vouloit faire , en obfervant les regles pref-crites par le Rituel du Diocefe.

C'eft, Meffieurs , fur cette Requête qu'eft inter-venue la Sentence de l'Official de Soiffons , du 5 Fé-vrier 1756 , qui le déclare *non-recevable dans fa demande* , & dont il eft aujourd'hui appellant comme d'abus devant vous.

Il foutient qu'un Juif converti , qui eft abandonné par fa femme non-convertie , trouve dans la fuite de cette femme, le droit de prendre une autre épouse dans la Religion Catholique.

Si cette proposition est consacrée par la discipline de l'Eglise & par les Constitutions canoniques dont les Ordonnances de nos Rois prescrivent l'exécution, il est incontestable que la Sentence qui l'aura alors dépouillé d'un droit certain, est abusive.

Voici donc le plan bien simple de la défense d'Elie Levi.

Je vous montrerai d'abord que le droit dont il veut faire usage est établi sur l'autorité & sur la discipline constante de l'Eglise, qui, depuis Saint Paul jusqu'à présent, a toujours maintenu les nouveaux Convertis dans la possession de ce droit.

Je vous ferai voir ensuite que cette discipline, non interrompue & fondée sur la doctrine infaillible de l'Eglise, est en même-tems appuyée sur les motifs les plus lumineux, les plus satisfaisans.

Ainsi, Messieurs, vous verrez en premier lieu, que tel est l'usage dans l'Eglise; en second lieu, quelles sont les raisons de cet usage.

PREMIERE PARTIE.

Je dis d'abord que l'usage de l'Eglise est de permettre à un Infidèle converti, que sa femme toujours Infidelle abandonne, de contracter un nouveau mariage avec une femme Chrétienne.

L'Official de Soissons n'avoit, pour s'en convaincre, qu'à ouvrir son propre Rituel. Il auroit lû, à la page 271, Partie premiere, ces mots ci : *L'Apôtre enseigne, que les mariages des Infidèles sont légitimes ; qu'un Infidèle qui se convertit peut & doit même demeurer avec sa femme qui persévere dans l'infidélité & qui consent d'habiter avec lui, & de même la femme avec son mari ; mais si l'Infidèle se sépare, le Fidèle a droit de se séparer aussi, & on permet même à un Fidèle, ainsi abandonné par la Partie Infidelle, DE SE REMARIER A UNE AUTRE.*

Voilà, le croira-t-on ? voilà les termes du Rituel même de Soissons. C'est le Rituel de son propre Evêque qui apprenoit à l'Official de Soissons quelle étoit sur ce point la doctrine de l'Eglise. Ce Rituel ajoute même que l'Eglise n'a fait, par cet usage, que consacrer *ce que l'Apôtre enseigne sur cette matiere.*

Et en effet, Saint Paul écrivant aux Chrétiens de Corinthe, parle d'abord à deux époux Chrétiens.

Premiere Epître aux Corinth. Ch. 7, Verf. 10 & 11. « Quand deux Chrétiens, dit-il, sont unis par les liens » du mariage, ce n'est point moi, c'est le Seigneur » qui ordonne à la femme de ne point quitter son

» mari ; fi elle le fait, qu'elle ne fe remarie point,
» mais que plutôt elle fe réconcilie avec lui ; que de
» même le mari ne quitte point fa femme ; le précepte
» eft commun pour tous les deux ».

Il s'adreffe enfuite aux époux dont l'un eft converti, & l'autre ne l'eft pas.

Ibid. Verf. 12 & fuiv.

« Quant à ceux qui ne font pas l'un & l'autre
» Chrétiens, ce n'eft point le Seigneur, mais c'eft
» moi qui leur dis : Si un Chrétien a une femme In-
» fidelle, & qu'elle confente d'habiter avec lui, qu'il
» ne renvoye point fa femme ; car un époux Chrétien
» fanctifie une époufe Infidelle, ainfi qu'un mari Infi-
» dèle fe fanctifie avec une époufe Chrétienne, *fanc-*
» *tificatus eft enim vir Infidelis per mulierem Fidelem,*
» *& fanctificata eft mulier Infidelis per virum fidelem.*

Ibid. Verf. 14.

» Mais fi l'époufe Infidelle quitte l'époux Fidèle,
» que celui-ci l'abandonne à fon tour ; car un Chré-
» tien ne doit point être affujetti à un efclavage de
» cette nature : *Quod fi Infidelis difcedit, difcedat,*
» *non eft enim fervituti fubjectus frater vel foror in*
» *hujufmodi ».*

Verfet 15.

L'Apôtre ordonne donc à deux époux unis dans
le fein de l'Eglife de ne fe point quitter, ou du moins
s'ils fe quittent, de ne point fe marier à d'autres, mais
de chercher plutôt à fe réunir, à fe réconcilier. C'eft

le Seigneur, dit-il, c'eſt Jeſus-Chriſt qui veut que le mariage, revêtu de la grace du Sacrement qu'il inſti-tue devienne indiſſoluble, & que deux époux liés par des nœuds auſſi ſaints, ne puiſſent les rompre en au-cun cas.

Mais lorſqu'un mariage a été fait hors de l'Egliſe ; que deux Infidèles l'ont formé, que la grace du Sa-crement n'a point ſanɛifié cette union ; ſi l'un des deux s'eſt converti, & que l'autre perſiſte dans l'in-fidélité ; l'Apôtre, malgré la différence de Religion qui eſt entr'eux, reſpeɛe leur mariage, il leur con-ſeille de demeurer unis ; une pareille union pourra, dit-il, ſanɛifier l'Infidèle. Mais ſi celui - ci ſe ſépare, s'il quitte l'époux Fidèle, alors l'Apôtre n'ordonne point au Chrétien qui eſt abandonné de demeurer dans le célibat, *manere inuptum*, ou de chercher à ſe réconcilier, *aut reconciliari viro ſuo*, ainſi qu'il l'a-voit ordonné plus haut à deux époux, l'un & l'autre Chrétiens. Au contraire, il lui dit de ſe ſéparer à ſon tour, il lui dit que ſa chaîne eſt briſée, il lui dit qu'un Chrétien n'eſt point aſſujetti à une pareille ſervitude : *Si diſcedit, diſcedat, non eſt enim ſervituti ſubjeɛus frater vel ſoror in hujuſmodi.*

Telles ſont, Meſſieurs, les paroles de l'Apôtre, paroles claires & évidentes qui portent leur ſens avec elles.

elles-mêmes, & que je rougirois de vouloir expliquer ou étendre, parce que je n'y pourrois toucher, sans leur retrancher quelque chose de leur sagesse & de leur force. Les commentaires que font sur cette Epître les Peres de l'Eglise, seront d'un poids bien autrement considérable ; car vous sentez, Messieurs, qu'une décision donnée par l'Apôtre lui-même, devoit incontestablement faire Loi dans l'Eglise & former sa doctrine.

Voici d'abord comment s'exprime Saint Ambroise.

« L'Apôtre satisfait à l'objet que se propose la Re-
» ligion Chrétienne, lorsqu'il ordonne que les Chré-
» tiens ne dissolvent point leurs mariages. Mais si un
» Infidèle, par haine pour cette Religion, se sépare
» de l'époux fidèle, celui-ci ne sera point coupable
» de la rupture du mariage ; car la cause de Dieu est
» supérieure à celle du mariage ; le Fidèle n'est point
» soumis à un esclavage aussi dur ; il ne doit point res-
» pecter une chaîne qui l'attache à un époux, pour
» qui l'Auteur du vrai mariage est un objet d'hor-
» reur ; car tout mariage qui n'est point scellé du
» sceau de la Divinité n'est point un mariage ratifié ;
» aussi l'époux Chrétien que l'épouse Infidelle aban-
» donne ne commet pas la plus légere faute EN SE

8 C

» REMARIANT A UNE AUTRE, *& per hoc non eſt*
» *peccatum ſi alii ſe junxerit* ».

Saint Ambroiſe répéte exactement ce que Saint
Paul avoit dit avant lui. Frappé des grands motifs
qui ont déterminé l'Apôtre, il les développe avec
feu, leur donne une force nouvelle : *cauſa Dei*, dit-
il, *major eſt quàm cauſa matrimonii*. C'eſt auſſi ce que
nous dit Saint Chryſoſtôme *, *melius eſt ut divellatur matrimonium quàm pietas*, « il vaut mieux dé-
» truire le mariage que la foi du nouveau Converti.
» Celui-ci, dit Saint Auguſtin, plus pénétré d'amour
» pour un Dieu qui lui fait tant de graces, que pour
» une femme Infidelle qui rejette ce même Dieu, ſé-
» pare & coupe avec courage un membre qui le
» ſcandaliſe à ce point ». * *Plus tenebitur amore divinæ gratiæ quàm carnis uxoriæ, & membrum quod
eum ſcandaliſat fortiter amputat.*

Voilà, Meſſieurs, avec quelle énergie ces Saints
Peres ſoutiennent le texte de l'Apôtre.

Je ne vous parle point de Theophilacte, d'Oecumenius, de Photius, & de tant d'autres, qui tous ſe
réuniſſent pour rendre un hommage unanime au paſſage dont il s'agit.

Mais écoutons ce que dira l'Ange de l'Ecole, ce
Saint Docteur inſtruit à celle de tous les Peres & de

* Premiere
Epître aux
Corinth.
Ch. 7, Verſ.
15, Hom.
19.

* *Lib. de
fid. & oper.
Cap. 16, Nº.
28.*

la Tradition. Voici, Meſſieurs, comment s'exprime Saint Thomas :

« Si l'Infidelle * ne veut point habiter avec le » Converti, ſinon pour blaſphémer le Dieu qu'adore » celui-ci, ce dernier pourra quitter l'autre, & con- » tracter mariage avec une ſeconde épouſe » : *Poteſt alteri per matrimonium copulari.* Puis il ſe propoſe à lui-même une objection puiſée dans la validité de la premiere union : mais il répond « que ce premier » mariage n'a point reçu le même degré de perfec- » tion qui appartient à ceux que deux Fidèles for- » ment enſemble ; & que ceux-ci bien plus parfaits, » ſont auſſi bien plus fermes & plus ſolides » : *Dicendum quod matrimonium Infidelium eſt imperfectum, ſed matrimonium Fidelium eſt perfectum, & ita eſt firmius.*

* 3ᵉ Part. Suppl. Qu. 59, Art. 5.

Que de clarté, Meſſieurs, & quelle préciſion dans ce dernier Pere de l'Egliſe ! & pouvions nous termi- ner mieux, que par un ſuffrage ſi puiſſant, tout ce que les Peres ont penſé, ou plutôt, ce qu'ils ont ſuivi de- puis que l'Apôtre a parlé ?

Parcourons à préſent des ſuffrages d'un autre or- dre, & vous allez voir que les Papes n'ont pas mar- qué moins d'empreſſement que les Peres, à marcher ſur les pas de l'Apôtre.

C ij

Innocent III est le premier des Papes qui ait traité cette matiere. Vous connoissez, Messieurs, le mérite que ce grand Homme joignoit à l'élévation de sa place ; vous savez que lorsqu'il donnoit à l'Eglise des Décisions & des Decrets, on les tenoit non-seulement d'un Pape, mais du Jurisconsulte de son siecle le plus sçavant.

Cap. de quanto de Divortiis. I-dem Cap. Gaudemus eod. Tit.

« Si l'un des époux * Infidèles s'est converti à la
» Foi Catholique, & que l'autre ne veuille point ha-
» biter avec lui, ou qu'il n'y veuille demeurer que
» pour blasphêmer le nom de Dieu, ou pour entraî-
» ner le Fidèle à commettre quelque péché mortel,
» alors le Fidèle converti ainsi abandonné pourra, si
» bon lui semble, passer à de secondes nôces. Tel est
» le sens que nous présentent ces paroles de l'Apô-
» tre : *Si un Infidèle se sépare, que l'autre s'éloigne à*
» *son tour, car le Chrétien n'est point assujetti à un*
» *esclavage aussi rude.* Tel est aussi, poursuit toujours
» Innocent III, le sens du Canon où il est dit, *que*
» *l'insulte faite au Créateur ROMPT LE LIEN DU*
» *MARIAGE à l'égard de celui qui est abandonné* ».

Quelle impression, Messieurs, a produite sur vos esprits l'évidence de cette Décretale ! N'a-t-on pas droit de s'étonner qu'un point aussi constant, aussi clairement décidé, nous soit cependant contesté ? Et c'eſt en effet aujourd'hui la premiere contradiction qu'il ait jamais eſſuyée dans l'Egliſe. Car s'il falloit citer tous les Auteurs qui ſe joignent à moi pour dé- fendre la vérité que je ſoutiens, je vous fatiguerois, Meſſieurs, par l'énumération la plus longue des noms les plus connus & les plus eſtimés. Je compterois le nombre de mes autorités, par le nombre d'Auteurs qui ont traité cette matiere. Théologiens, Canoniſ- tes, Juriſconſultes, Interprètes, tous ſe rangent de mon côté, tous réclament avec un zèle égal, & les Décretales d'Innocent, & le Texte même de l'Apô- tre. Tels ſont, Meſſieurs, Comitolus, Bazile-Pons, Sanchez, Silvius, & tant d'autres. Mais, comme il faut choiſir dans cette multitude, voici un Commen- tateur bien célèbre, c'eſt Eſtius, Théologien connu par la profondeur de ſes Ouvrages.

« Puiſque Saint Paul, dit Eſtius *, affranchit dans » le cas préſent l'époux Fidèle de toute ſervitude vis- » à vis de l'épouſe Infidelle, c'eſt donc avec raiſon » que nous liſons dans le Canon * : *Si Infidelis,* » *qu. 28, ch. 2,* dans les Décrétales *de Divortiis,* » ch. *Quanto,* & ch. *Gaudemus,* que l'époux Fidèle » peut, ſi l'Infidelle l'a quitté pour quelqu'une des » cauſes exprimées dans ces Canons, rompre ſon pre- » mier nœud pour ſe remarier à une autre ; car au-

* Diſtinct. 39, Art. 7.

* Gratien.

» trement il refteroit foumis à l'efclavage dont on
» veut l'affranchir. C'eft ainfi, dit toujours Eftius, que
» les paroles de l'Apôtre ont toujours été entendues
» par Saint Ambroife, Saint Chryfoftôme, Theo-
» philacte, Oecumenius, Photius; & il ajoute que
» ce fentiment eft confacré par la pratique des Fidè-
» les, qui eft approuvée par l'Eglife ».

Voilà, Meffieurs, ce que dit Eftius; voilà, comme il le dit lui-même, ce que penfent tous les Théologiens, ce que penfe toute l'Eglife.

Permettez-moi de faire fortir auffi du milieu des
Jurifconfultes, un Homme inftruit & éclairé, qui fera
de même le garant de ce qu'ont penfé tous les autres.

D'Hericourt *, dans fes Loix Eccléfiaftiques, foutient affirmativement « qu'un Payen, ou Juif, ou
» Mahométan qui fe convertit, peut, s'il le juge né-
» ceffaire pour fon falut, quitter fa femme qui perfé-
» vére dans fon infidélité, *& en prendre une autre* ».
La raifon qu'il en donne, « c'eft que, dit-il, il n'y a
» que le Sacrement qui rende le mariage indiffolu-
» ble; d'où il conclut que celui des Payens qui n'a
» pas été honoré de cette dignité, peut être réfolu
» en faveur de la Partie qui a embraffé la Foi de Je-
» fus-Chrift ».

Je fens, Meffieurs, qu'il faut donner des bornes à

* Troifie-
me Partie,
Chapitre 5,
Partie 2, Nᵒ.
46.

cette lifte déja trop longue d'autorités de toute efpece. Je fupprimerai donc ce que difent les Catéchif-
mes, comme celui de Montpellier ; ce que difent
tous les Rituels, comme celui de Soiffons même ; je
fupprime & les Conférences de Paris, & tous les
noms fameux de nos Caniftes modernes, comme
les Gibert, les Duguet, les Lherminier, les Delan,
tous Livres que j'ai confultés avec foin, & qui préfentent tous cette unanimité parfaite, qui eft le figne
le plus certain pour reconnoître la vérité.

Mais pour raffembler d'un feul mot toutes les forces de ma Caufe, c'eft un fentiment général enfeigné
dans l'Ecole, pratiqué dans les Tribunaux, fuivi dans
tous les Diocèfes, foutenu par tous les Docteurs,
configné dans les Peres, publié par les Papes ; & pour
couronner ces fuffrages par un autre bien important
encore, tel eft le fentiment du Souverain Pontife que
Dieu maintient aujourd'hui fur le Saint Siége pour le
bonheur de la Religion.

« Il eft certain, dit-il *, dans le douzieme Volu- *Tom. 12,
» me de fes Ouvrages, *de Synodo Diœcefana*, que le deSyn.Dia-cef. Lib. 6,
» mariage des Infidèles eft rompu par un privilege Cap. 4, pag.
» accordé par Jefus - Chrift en faveur de la Foi, & 220, Edit.
» promulgué par l'Apôtre Saint Paul, dans fon Epî- 1748.
» tre aux Corinthiens, lorfque l'un des deux ayant

» embraffé la Religion Chrétienne, l'autre endurci
» dans l'infidélité refufe d'habiter avec le Converti ».

Ainfi, Meffieurs, Benoît XIV cite Saint Paul comme l'Auteur de cette vérité. Elle s'eft donc étendue
depuis Saint Paul jufqu'à ce Chef, qui préfide aujour-
d'hui l'Eglife. Telle eft la refpectable chaîne de la
Tradition que je défends. Par-là vous voyez d'un
coup d'œil, un grand Apôtre & le Pontife actuel,
qui, placés dans l'ordre des téms à la diftance la plus
éloignée, tiennent chacun entre leurs mains les deux
extrêmités de cette chaîne immenfe.

Pourquoi donc l'Official de Soiffons s'eft-il efforcé
de la rompre ? Quel motif l'a pu déterminer à fe détourner de la voie que lui montroient & les Certificats & la Sentence de l'Officialité de Strasbourg ?
Auroit-il craint de s'égarer en fuivant une route qui
lui étoit tracée par fon propre Rituel ? Mais ce Rituel
n'eft que l'écho de ce qu'enfeignent toutes les Eglifes
du Royaume. Sur cet objet il regne entr'elles une
harmonie parfaite ; au milieu de ce concert univer-
fel, la voix de l'Official de Soiffons eft la feule voix
difcordante. D'où peut donc naître une réfiftance
auffi neuve, & quelle étrange révolution fa Sentence
introduiroit-elle ? Sur ces matieres, vous le favez,
Meffieurs, la plus légere innovation eft dangereufe

&

& défendue. Que les hommes, qui font jaloux d'être inventeurs, aillent porter leurs découvertes dans cet ordre de chofes qu'on peut déranger fans fcrupule, les Arts ne pourront qu'y gagner, & les Sciences ne s'enrichiffent que par l'effor d'un Génie créateur. Mais s'il eft grand alors de marcher feul, & de penfer d'après foi-même ; la vraie grandeur, fur les objets que nous traitons, eft d'obéir. Quoi ! un Apôtre aura parlé, les Peres auront répété fes paroles, d'illuftres Papes les auront recueillies ; refpeftées par tous les Doêteurs, elles formeront l'ufage conftant de l'Eglife ; & un feul homme ofera croire, que fi cet ufage eft reçu, c'eft un ufage à réformer ; que c'eft à lui à diffiper la nuit qui régnoit depuis tant de fiecles, & à nous tracer déformais un nouveau fentier de lumiere ?

Ne prêtons cependant point, Meffieurs, de pareilles vûes à l'Official de Soiffons. Digne d'eftime par lui-même, il n'a rien fait d'ailleurs que fous les yeux d'un Prélat * refpeftable, autant pour le bien général qu'il fait à tous par fes exemples, que pour le bien particulier qu'il fait dans Soiffons par fon zèle. Mais plus cet illuftre Pafteur veille avec foin fur fon Troupeau, plus il eft réfervé fur la conduite qu'il lui trace. Ainfi, bien éloigné de tout projet qui pourroit ten-

* M. de Fitz-James.

dre à l'infraction de la Doctrine, mais frappé feulement de cette premiere idée d'individuité que préfente à l'efprit tout mariage, il aura cru ne courir aucun rifque en arrêtant d'abord les démarches d'Elie Levi; perfuadé que fi, par fa Sentence, fon Official avoit eu tort de les fufpendre, il vous appartenoit, Meffieurs, de le rétablir dans fes droits.

Nous devons refpecter fans doute cette réferve de M. l'Evêque de Soiffons; mais en même-tems, Meffieurs, c'eft à vous à faire exécuter la Tradition Apoftolique, les Décretales & les Canons qu'a violés, fans qu'il l'ait voulu, le Jugement qu'il a fait rendre. Car tels font, comme vous l'avez vû, les garans invincibles du point de Droit que je réclame; tels font les fondemens folides fur lefquels Elie Levi a élevé la demande qu'il forme. Ce n'eft donc point ici, Meffieurs, une de ces queftions conteftées, que la difpute rend encore plus incertaines, parce que fouvent elle les offre fous des couleurs bien différentes de la vérité que l'on cherche. Si cette Caufe avoit permis de fe livrer aux conjectures, de s'égarer en probabilités, de faire enfin ces raifonnemens ingénieux, fi utiles dans le plus grand nombre des Caufes : autant je fais paroître d'affurance & de fermeté, autant vous me verriez timide à vous propofer ma défenfe; & l'Ad-

verſáire * plein de talens que l'on m'oppoſe, me don- * M. Mo-
neroit lieu de tout craindre d'une imagination heu- reau.
reuſe, qui embellit tout ce qu'elle touche.

Mais reſſerrés, heureuſement pour moi, dans les
bornes étroites que nous preſcrivent à tous les deux,
d'un côté la Doctrine, & de l'autre la Diſcipline,
nous ne pourrons nous attaquer qu'en face ; & de
quelqu'ornement qu'il ait paré ſes armes, dès qu'elles
feront venues frapper ſur ces textes inébranlables,
que ſans ceſſe je leur préſenterai, ſans que leur éclat
m'ébloüiſſe, ce choc, ſi j'oſe ainſi parler, les émouſ-
fera ſans effort. Car enfin vous le voyez, Meſſieurs,
ce n'eſt point moi qui défends cette Cauſe ; je ne ſuis
que l'organe de ce qu'ont dit pour la défendre les
Docteurs, les Papes, les Peres, & l'Apôtre : & trop
heureux d'être l'écho de ces grands Hommes, je ne
fais que leur prêter ma voix ; mais je croirois trahir
le miniſtere qui m'eſt confié, ſi elle trembloit en re-
traçant des vérités, qu'ils ont eux-mêmes annoncées
avec tant de confiance.

Voici donc ce qu'ils enſeignent tous : ils ſoutiennent qu'un Néophyte que ſa femme toujours Infidelle
abandonne, devient, par cette déſertion, libre de
prendre une autre épouſe dans la Religion Catholique.

D ij

Ainfi, Meffieurs, dès que les portes de l'Eglife ont été ouvertes à Levi, il n'a pû faire un pas dans fon enceinte, que, de quelque côté qu'il y ait promené fes regards, il n'ait rencontré en tous lieux le droit dont il veut faire ufage. On veut pourtant le lui ravir : mais c'eft à vous, Meffieurs, qu'il vient fe plaindre. Il vous offre d'une main le Texte de l'Apôtre, les Canons de Gratien, les Décretales d'Innocent, & l'atteftation générale que lui donnent tous les Théologiens ; de l'autre main il vous préfente ce bel article de nos Libertés faintes : *que les appellations comme d'abus font précifes, toutes les fois qu'il y a attentat aux faints Decrets & aux Canons reçus en ce Royaume.* Comment donc une Sentence qui leur eft auffi directement contraire , pourroit-elle fubfifter plus long-temps ? C'eft à vous , Meffieurs , qu'il appartient de maintenir par vos Arrêts leur autorité refpectable ; & c'eft à nous à nous foumettre à leur autorité, quand vos oracles l'ont confirmée. Ce feul mot doit fuffire , & par-là toute ma caufe eft plaidée.

SECONDE PARTIE.

S'il n'eft point permis de douter de la fageffe des

raiſons ſur leſquelles l'uſage de l'Egliſe eſt fondé, il eſt permis du moins de les connoître, afin de leur rendre un hommage plus éclairé & plus ſincere. Il eſt ſans doute dans notre Religion des vérités impénétrables, & pour leſquelles un Dieu jaloux de notre obéiſſance, exige de nous que notre cœur lui ſacrifie notre raiſon; mais il ſemble que, pour nous rendre ce ſacrifice plus facile, il ait exprès environné ſes ſaints Myſteres, de vérités d'un autre genre, qui par leur degré d'évidence, aident l'eſprit à ſe ſoumettre à celles qu'il ne ſauroit comprendre.

Qu'il eſt aiſé de vous prouver, Meſſieurs, que celle que nous traitons ici, eſt du nombre de ces dernieres, & que ce précieux privilege que nous réclamons aujourd'hui, eſt une ſuite néceſſaire, & une émanation directe des grands deſſeins que Dieu lui-même a toujours eus ſur le mariage. Oui, c'eſt en vous traçant, Meſſieurs, une eſquiſſe courte & rapide des différentes révolutions arrivées à la Loi des mariages depuis ſa premiere origine, que frappés tous de l'enſemble & de l'harmonie qui regne dans les choſes de Religion, vous ſentirez combien il lui importe que vous mainteniez cette vérité ſoutenue par l'Egliſe : *qu'un nouveau Converti abandonné par ſa femme qui perſévere obſtinément dans ſes erreurs,*

*acquiert par la fuite de l'Infidelle , le droit de prendre
une épouse Chrétienne.*

Premier
état. État
d'innocen-
ce.

L'homme sorti des mains de Dieu étoit placé dans
un état de perfection qui répondoit à la dignité de
son Auteur. Il étoit éclairé de Dieu même ; il tenoit
immédiatement de lui les leçons de la plus profonde
sagesse , & il devint , dès sa naissance, le symbole &
l'organe de ses vérités éternelles. Comme son innocence lui assuroit alors un bonheur sans mêlange ,
nulle vicissitude ne pouvoit altérer ou changer les
différens états où il entroit pour être heureux. Ainsi
Dieu lui avoit donné la vie, & cette vie devoit être
sans bornes. Dieu lui donnoit une Compagne, & le
nœud qui l'attachoit à elle devoit durer toujours. Faits
tous les deux pour éprouver dans leur union la plus
pure félicité, moins leur chaîne se pouvoit rompre ,
plus leur bonheur étoit sûr.

Mais , Messieurs, cette union admirable étoit le
signe d'une autre union bien plus parfaite encore.
Placé de toute éternité au centre de ses vastes decrets,
Dieu avoit disposé dans sa préscience immuable l'alliance indissoluble que son Fils devoit former un jour
avec sa véritable Épouse ; & de même qu'il avoit créé
l'homme pour être sa ressemblance & son image , il
voulut que l'union de l'homme avec la femme devînt

auſſi l'image de cette union parfaite de Jeſus-Chriſt avec l'Egliſe.

Voilà comment, au milieu des délices qui accompagnoient ſon mariage, le premier homme annonçoit à ſa race un myſtere incompréhenſible, lorſque rempli de l'Eſprit-Saint qui parloit par ſa bouche, il s'écria à la vûe de ſa femme : *hoc nunc os de oſſibus meis, & caro de carne mea.* Ces paroles toutes divines marquoient tout à la fois les deux principaux caracteres qui appartenoient au mariage de nos premiers parens, un caractere D'UNITÉ, un caractere D'INDIVIDUITÉ. Dans ſa premiere inſtitution le mariage ne ſe pouvoit pas rompre, il n'étoit l'union que de deux : il raſſembloit ces deux qualités ſupérieures qui devoient former l'eſſence de cette grande union, dont il n'étoit que la figure. En un mot, dans l'état d'innocence le mariage étoit UN, & le mariage étoit INDISSOLUBLE.

Mais après que l'homme eut perdu cette pureté primitive qui conſtituoit toute la grandeur de ſon être ; dès que ſa chûte eut attiré ſur lui la vengeance divine, & que la profondeur des Jugemens de Dieu eut puni les enfans d'un crime qu'avoit commis leur pere ; déchu de l'état d'innocence, livré à toute ſa foibleſſe, l'homme n'eut plus dans ce déſordre uni-

Second état. Etat de nature corrompue.

8 *

verfel la force d'obéir à fes propres lumieres. Dieu lui avoit laiffé, il eft vrai, la Loi naturelle pour guide ; mais le péché lui enlevoit jufqu'au courage de s'y foumettre : malheureux de ne pouvoir obferver cette Loi, qui, née au-dedans de lui-même & dérivant de la formation de fon être, le rappelloit fans ceffe, comme malgré lui, à des devoir qu'il ne pouvoit remplir.

Tel fut l'homme dans ce fecond état, appellé l'état de nature, parce qu'en effet c'eft celui d'une nature infirme & corrompue, & l'époque funefte de nos premieres fragilités.

Les mariages de ce fecond état n'étoient pas même une foible image de cette grande alliance que Jefus-Chrift devoit former. Contraétés tous dans le péché, méritoient-ils de nous repréfenter encore une union auffi fainte ? Auffi, Meffieurs, ce caraétere d'unité qui avoit diftingué le mariage du premier homme, de ceux que fa poftérité devoit contraéter après lui, ce caraétere myftérieux n'appartenoit plus aux mariages formés fous l'état de nature. La polygamie s'étant donc introduite par toute la terre, ceux même d'entre les hommes que Dieu s'étoit choifis pour perpétuer par eux fa croyance & fon culte, ne fe crurent pas obligés de ne s'unir qu'à une feule époufe. C'eft ainfi que

que Sara prend fa fervante Agar & la préfente à fon
mari pour femme : c'eft ainfi que Jacob, mari à la fois
des deux fœurs, fe fert auffi de la même difpenfe
dont Abraham avoit ufé. Voilà fans doute une preuve
bien forte que le précepte d'unité ne s'appliquoit qu'à
l'alliance myftique du premier homme avec fa femme,
lorfqu'ils étoient innocens tous les deux. Mais la faute
qu'ils ont commife ayant fouillé toute leur race, les
hommes, fous l'état de nature, ont été difpenfés de
ce précepte d'unité qui étoit fait pour l'état d'innocence. Et en effet, fi la pluralité des femmes avoit
été profcrite par la Loi Naturelle, comme alors c'eft
la plus importante de toutes les vérités, que jamais
Dieu ne change rien aux décrets de cette Loi fuprême
qui n'eft autre que fa volonté immuable., il faudroit, quel blafphême étrange ! accufer d'adultere
ces alliances refpectables & faintes qu'avoient formé
les Patriarches. Vous voyez donc, Meffieurs, que
cette Loi pofitive divine qu'Adam infpiré prononça,
mais à laquelle Dieu étoit maître de déroger, a
reçu en effet une premiere dérogation au caractere
D'UNITÉ.

Suivons l'homme fous l'état de la Loi écrite, &
voyons fi fous ce troifiéme état le fecond caractere,
c'eft-à-dire le caractere D'INDIVIDUITE', n'a pas reçu
d'exception à fon tour.　　　　　§ 8 E

Si l'exemple des Patriarches dont nous avons parlé eût contenu les peuples & les eût délivrés de l'empire qu'avoient fur eux leurs paffions & leurs fens , alors la raifon naturelle & les traditions de leurs peres auroient fuffi fans doute pour les bien gouverner. Mais l'ignorance & la corruption s'étant jointes pour ne former de l'Univers qu'un vafte & funefte théâtre des plus honteufes profanations, Dieu, par un refte d'intérêt pour un peuple qu'il avoit autrefois aimé, voulut le préferver du moins de ce torrent de crimes & d'erreurs qui ravageoit toute la terre. Moyfe ayant été choifi de Dieu pour recevoir directement de lui les ordres qu'il vouloit donner à fon peuple, ce fublime Interprete des volontés divines publioit aux Hebreux de fa part des Loix fages & lumineufes, qui embraffant tout-à-la-fois la Politique & la Religion , regloient par conféquent auffi ce qui concernoit les mariages.

Si Dieu eût fait répéter par Moyfe les mêmes paroles qu'il avoit mifes dans la bouche du premier homme , & fi , en détruifant cette polygamie qui s'étoit répandue fous l'état de nature, il eût rétabli le mariage dans cet éclat originaire qui lui appartenoit fous l'état d'innocence ; alors l'endurciffement des Hebreux leur eût rendu infupportable ce même pré-

cepte , qui pourtant n'avoit été fait que pour le bien
des deux époux , lorfqu'ils étoient purs l'un & l'autre.
Auffi le fuprême Légiflateur eut-il égard à la foibleffe
de fon peuple , & il eut pour lui l'indulgence, non-
feulement de ne point abolir l'ufage reçu de la polygamie , mais même de prefcrire à Moyfe qu'il tolérât
par fa Loi le Divorce. Ainfi , plutôt que de faire
une Loi qui eût été violée auffitôt que reçue , Dieu
proportionna fes decrets à l'infirmité d'Ifraël ; &
voyant que ce peuple portoit un cœur dur & char-
nel , il trouva digne de fa bonté de lui donner des
chaînes plus faciles à rompre. C'eft donc encore une
vérité conftante, que fi fous l'état de nature le caractere D'UNITE' fut détruit par la polygamie , le Divorce détruifit à fon tour , fous la Loi écrite , le
caractere D'INDIVIDUITE'.

Enfin , nous voici arrivés à ces jours de bonheur
& de grace , où le plus grand des crimes expie tous
ceux qu'on avoit commis jufqu'alors , & où un Déi-
cide réconcilie l'homme avec Dieu. Mais qu'a produit cette réconciliation de l'homme avec fon Dieu ?
Elle a produit une feconde alliance bien plus parfaite
que la premiere. La premiere n'avoit que des figures,
celle-ci n'a que des réalités ; & c'eft cette feconde
alliance de Jefus - Chrift avec les hommes , c'eft ce

Quatrieme état.
Etat de la Loi de grace.

E ij

mariage tout fpirituel de Jefus-Chrift avec l'Eglife ; qui fanctifie & qui ferre étroitement les nœuds des mariages que deux Chrétiens forment enfemble. C'eft donc cette nouvelle alliance, qui eft la confommation du myftere que le mariage du premier homme figuroit ; mais auffi ce myftere une fois accompli rappelle-t-il à la premiere dignité du mariage, tous ceux qui feront faits par les enfans de la nouvelle alliance. Celui qui appartient à cette alliance d'amour, fait qu'il prend fon époufe dans le fein de l'Eglife dont ils font tous deux membres : unis tous deux à cette Eglife qui eft elle-même unie à Jefus-Chrift, le fang qu'il a verfé, cimente & bénit leur union. Mais l'époufe de Jefus-Chrift eft une, & jamais rien ne la féparera ; c'eft donc à une époufe unique, c'eft par des nœuds indiffolubles qu'il faut que deux Chrétiens s'uniffent. Que la force, que la durée du lien n'effraye point les enfans de l'Eglife : cette tendre mere aura pour eux une fource abondante de graces qui rendra douce leur union : & s'il s'éleve quelque nuage qui obfcurciffe quelque moment la férénité de l'alliance, le Sacrement qu'elle leur a conféré les armera d'un faint courage, qui ramenera auffi-tôt la paix & la tranquillité. Voici donc le mariage rendu fous l'état de la Loi de grace à fa premiere inftitution ; ces caracteres nobles

& grands *d'unité*, *d'individuité*, font rétablis par l'époux de l'Eglife.

Telle eft, Meffieurs, l'hiftoire de la Loi des mariages depuis Adam jufques à nous. Mais n'y manque-t-il aucun trait, & tous les cas vous femblent-ils prévus ? S'il s'agit de deux Infidèles liés enfemble, vous voyez ce qui fe fait hors de l'Eglife, ce qui fe pratique loin d'elle, pour ces mariages que la grace n'a point fcellés. S'il s'agit de deux Chrétiens unis, vous voyez le chemin que l'Eglife vous trace, vous connoiffez les caracteres imprimés par la Loi nouvelle.

Application de ces états à l'efpéce préfente.

Mais voici deux époux mariés dans l'infidélité ; & comme l'Efprit fouffle où il veut, un feul ouvre les yeux à la lumiere, l'autre refte dans les ténèbres ; l'un eft pris & l'autre eft laiffé ; l'un des deux croit à Jefus-Chrift, & l'autre ne le veut point connoître. A laquelle de ces deux Loix reportera-t-on ce mariage ? Appartient-il à la Loi écrite ? Dépend-il de la Loi de grace ? Qu'allez-vous prononcer, Meffieurs, fur cette importante queftion ? Ce mariage n'a point été fait dans l'Eglife, & hors d'elle le mariage n'eft pas indiffoluble ; mais l'un des deux époux eft entré dans l'Eglife, & l'Eglife rend le mariage de fes enfans individuel. Romprez-vous donc cette union ? La croirez-vous indivisible? Encore un coup, Messieurs, qu'allez-vous prononcer?

Ce que l'Apôtre a prononcé lui-même. Si celle qui est encore dans les ténebres veut bien rester avec celui qu'a éclairé la vérité, un consentement aussi sage vous semble d'abord un premier pas qui fait espérer son retour. L'exemple qu'elle aura sous les yeux prépare un triomphe à la grace. Il faut croire que changée à son tour, elle deviendra aux yeux même de l'Eglise, la digne épouse de celui que l'Eglise a déja adopté. Que l'époux converti reste donc avec son épouse infidelle, que cette union peut aussi convertir.

Mais l'Infidelle qui persévere, a-t-elle en horreur son époux converti? L'a-t-elle abandonné en haine de la Religion qu'il professe? Alors ce lien affligeant pour l'Eglise, est un lien profane à ses yeux; elle permet à son nouvel enfant de secouer un joug qui pourroit lui devenir funeste. Hé bien, que ce nœud soit rompu; que le Fidèle se sépare & s'éloigne, ainsi qu'on l'a quitté lui-même : car un Chrétien n'est point soumis à une pareille servitude. *Non est enim servituti subjectus in hujusmodi.*

C'est ainsi que mettant dans une juste balance les priviléges accordés par la Loi écrite sous laquelle l'union
nion

nion a été contractée, & les égards que demande la
Loi de grace sous laquelle le Fidèle est entré, vous
tirerez de ces deux états réunis deux conséquences,
qui, quoique différentes, vont du même pas l'une &
l'autre à l'avantage de la Religion. Si la paix regne
dans ce mariage malgré la disparité des deux cultes,
dans l'espérance que le vrai culte pourra renverser
l'autre, il ne faut point commencer par briser un
nœud, dans lequel les deux époux pourront se sancti-
fier tous deux, si l'autre vient à se convertir. Mais
si la différence de Religion jette le désordre & le
trouble dans ce mariage, & met la foi du Fidèle en
péril, alors vous laissez au contrat toute sa dissolubilité ; puisque formé sous la Loi écrite, il n'est
point revêtu du caractere d'individuité, qui n'est fait
que pour la Loi de grace.

Que ce développement heureux des différens effets
que produira sur le mariage la nature des deux Loix
combinées pour le plus grand bien de la Foi : que
cette sage compensation des avantages qu'elle peut
attendre & des risques qu'elle peut courir, nous fait
bien sentir tout le prix de la doctrine que je défends !

Peut-on, Messieurs, jetter les yeux sur le tableau
que je vous ai tracé des mariages de l'Univers, qu'on

ne voye à l'inftant que le mariage n'eft point U N, n'eft point INDISSOLUBLE par la Loi eternelle ; s'il l'eût été, Dieu n'y auroit pas dérogé : que c'eft donc par une Loi divine pofitive qu'il étoit tel dans l'état d'innocence : que d'abord fous la Loi de nature l'U N I T E' du mariage fut détruite par la polyga-mie, les Patriarches en font la preuve : qu'enfuite fous la Loi écrite, le divorce que Dieu permit, en détruifit l'INDIVIDUITE' : que c'eft donc la feule Loi de grace qui reftitue aux mariages faits dans l'Eglife ces deux éminens caracteres, qui, depuis le premier Adam, font effacés de tout mariage qui n'a pas été contraété dans la foi du fecond Adam. Ainfi, tout mariage formé hors de la foi de Jefus-Chrift peut dans certains cas fe diffoudre, à moins que l'intérêt de cette même foi ne s'oppofe lui-même à la rupture de ce contrat. Si au contraire elle eft elle-même in-téreffée à laiffer au contrat fa fragilité ordinaire, rien ne peut s'oppofer alors à ce que ce lien foit rompu.

Si donc la foi du Néophyte pouvoit être ébranlée dans cette folitude où l'a réduit la défertion de fon époufe ; comme fon mariage, difent les Peres, les Papes & les Doéteurs, qui tous parlent d'après l'Apôtre, l'Apôtre, n'a point été formé dans le fein de l'Eglife; que ce n'eft point un mariage parfait, qu'il n'a point été ratifié, *matrimonium imperfectum, matrimonium non ratum*, & qu'il n'a point par fa nature, ce caractere que le Sacrement feul peut donner, alors l'époux que fa femme abandonne, peut ufer de fon privilege; le lien qui l'attachoit à elle fera brifé, fera diffous. Voilà, Meffieurs, des vérités que tous les Ordres, que tous les membres de l'Eglife publient ; voilà des vérités que S. Paul a lui-même enfeignées; & fi nous remontons plus haut, voilà des vérités qui nous font annoncées depuis Adam, dans l'Ecriture. C'eft donc, Meffieurs, la Divinité même, qui, les mettant dans la bouche de fon Apôtre, les a placées fur la colonne la plus folide de fon Eglife. Mais rangeons autour de fa bafe ces faints Peres, ces faints Docteurs, S. Ambroife, S. Chryfoftôme, S. Thomas, qui, affemblés pour la défendre, font imités par ces illuftres Papes, que fuivent à leur tour les plus favans Théologiens : déja fi ferme par elle-même & fi bien défendue par eux, quelles attaques pourroit-on lui livrer ? C'eft ainfi que l'Auteur de toutes chofes embraffe autant dans fes confeils les détails que les plans généraux. Voilà comment, en fuivant dans fes fources pures les deffeins de Dieu fur les hommes, il eſt facile de découvrir la plus parfaite uniformité dans ſes vues.

Sortis de la captivité de l'Egypte, les Hebreux s'effrayerent à la vue des deſerts où Moyſe les conduiſoit : ils s'adreſſerent à leur Légiſlateur, & celui-ci les aſſura queDieu même combattroit pour eux. Sorti d'une captivité plus funeſte, qui eſt celle de ſes erreurs, Elie Lévi s'eſt effrayé de la ſolitude dangereuſe où le réduit la fuite de ſon épouſe : il s'adreſſe, comme avoient fait les Juifs, aux plus ſages Interprêtes des Loix : C'eſt donc à vous, Meſſieurs, à lui montrer à votre tour que l'Egliſe prend ſa défenſe. Auſſi eſt-ce au milieu de vous qu'il réclame les droits que l'Egliſe lui donne ; elle les lui donne par ſes canons ; & vous, Meſſieurs, vous les lui aſſurez, comme en étant les Protecteurs. Devant ainſi toute ſa liberté à la concorde du Sacerdoce & de l'Empire, cette concordë ſera pour lui le préſage le plus heureux de celle qui regnera dans peu, entre lui & l'épouſe qu'il vient chercher dans le ſein de l'Egliſe.

Me LOYSEAU DE MAULEON, Avocat.

REPLIQUE,

POUR Joseph - François Elie Levi,
ci-devant Borach Levi, Appellant comme
d'abus.

CONTRE M. l'Evêque de Soiſſons, Pair de France.
Intimé.

M ESSIEURS,

Il ſembleroit, à entendre notre Adverſaire,
qu'ayant formé le projet condamnable de porter les
plus vives atteintes au lien ſacré du mariage, j'euſſe
hazardé dans cette Audience, un ſyſtême étonnant
& nouveau, dont les principes ſeroient auſſi contraires

à la Nature qu'à la Religion. Je ne croyois cependant pas, Messieurs, qu'en mettant sous vos yeux des vérités écrites dans les livres où nous puisons dès notre enfance, les élémens de la saine doctrine, & qu'ayant pour garans de ces vérités saintes les plus illustres Dépositaires de l'autorité de l'Eglise, on pût me reprocher de suivre avec trop de confiance ces Guides sûrs & respectables.

Ce n'étoit point, sans doute, en marchant sur leurs traces que je serois venu renverser les idées reçues par tous les hommes, sur le lien du mariage. Cependant quand j'aurois prétendu que tout mariage peut se dissoudre, que l'union des époux est aussi foible, aussi facile à rompre, que leur amour est souvent peu durable & facile à s'éteindre, notre Adversaire se seroit-il plus attaché qu'il l'a fait, à établir que le mariage est une alliance indissoluble ?

Il a suivi dans le plus grand détail, les différens progrès des opérations de Dieu même, lorsqu'il institua le mariage ; il a développé ensuite tous les inconvéniens que sa dissolubilité feroit naître parmi les hommes ; mais, Messieurs, ces idées qu'il s'est donné tant de peine à démontrer, n'avois-je donc pas commencé ma défense par les présenter avant lui ?

J'avois reconnu le premier, que Dieu à créé le

mariage pour qu'il fût un , & pour qu'il fût indiſſoluble ; j'avois dit que le bien de la ſociété , l'intérêt
des enfans, le repos des familles, le vœu des contrac-
tans , que tout enfin le demande & l'exige. On vous
a répété , Meſſieurs , les mêmes maximes avec plus
d'art , avec plus d'étendue ; mais on n'aura jamais
pour elle une ſoumiſſion plus entiere.

Réuniſſons-nous donc, mon Adverſaire & moi,
pour rendre un hommage unanime à la dignité du
mariage.

Non , ſans doute, ce n'eſt point de ces rencontres
brutales & révoltantes qui reproduiſent les animaux,
que dépend la naiſſance des hommes : leur condition
eſt d'un ordre bien ſupérieur.

Auſſi nobles , auſſi grands l'un que l'autre , l'homme & la femme regnent tous deux ſur la Nature
par un eſprit fait pour connoître , & par un cœur
fait pour aimer. S'ils s'uniſſent par le mariage , c'eſt
pour tranſmettre à des êtres comme eux, cet avantage & cette empire , que donnent aux hommes le
ſentiment & la raiſon. C'eſt donc ſur la raiſon & ſur
l'amour que doit être établie l'union des deux époux,
& ce mélange heureux. des corps, des eſprits & des
cœurs procure à leurs enfans le triple bien de vivre ,
de connoître & d'aimer.

Que cette union eſt belle qui dérive de principes
ſi purs & qui produit d'auſſi puiſſans effets!

Créée pour la conſervation commune, la femme
ne fait le bien de tous qu'en formant le bonheur
d'un ſeul ; donc l'unité, l'individuité ſont les deux
principaux caraſteres d'une alliance ſi étroite & ſi
ſage.

Quels reſpeſts les parens recevront-ils de leurs
enfans ? quelle amitié les peres & meres ſeront-ils
ſûrs de leur porter eux-mêmes, ſi le nœud qui doit
réunir tant d'amitié, tant de reſpeſts, n'eſt qu'un
fil léger & foible, que le caprice ou l'ennui pourra
rompre ?

Enfin, Meſſieurs, la ſociété entiere ne pourra être
ſtable & ſolide, qu'en commençant par affermir &
par aſſurer pour toujours toutes ces unions parti-
lieres, pour que la conſiſtance de chacun de ces nœuds
domeſtiques ſoit la force de ce lien général, qui raſ-
ſemble & unit tous les hommes.

Voilà, Meſſieurs, des vérités conſtantes, des vérités avouées par la raiſon, qu'il ſeroit à ſouhaiter que
toutes les Nations pratiquaſſent, & auxquelles mon
Adverſaire & moi nous applaudiſſons à l'envi.

Mais, Meſſieurs, ces maximes ſont-elles fondées
ſur ces premiers devoirs, tellement inhérens à l'exiſ-

tence de notre ame, que Dieu lui-même n'en exempte dans aucuns cas? C'eſt ici, Meſſieurs, le moment de lever l'équivoque qui a regné ſans ceſſe dans la défenſe de la Partie adverſe.

Il vous a annoncé l'individuité du mariage comme faiſant partie des decrets de la Loi naturelle.

Je vous l'avoue, Meſſieurs, lorſque j'ai entendu cette propoſition, j'ai ſenti l'avantage qu'on en tireroit contre moi, ſi jamais on parvenoit à l'établir.

Si en effet l'individuité du mariage a pris ſa ſource dans la Loi naturelle, quelle imprudence ſera-ce à moi, quelle témérité de réclamer une diſpenſe à l'une de ces regles inébranlables, preſcrites par la Loi naturelle? Car cette Loi ſi impérieuſe & ſi douce, ſortie de notre propre fond, antérieure à tous raiſonnemens humains, par conſéquent indépendante de l'autorité des puiſſances, eſt il quelque Légiſlateur qui pût en changer les decrets? Qui donc diſpenſeroit les hommes de ces premiers principes, qui ſont les traits de reſſemblance que Dieu lui-même grava dans l'homme, lorſqu'il le fit à ſon Image? Qui les diſpenſeroit de ce droit naturel, dont Dieu lui-même n'a jamais diſpenſé? Immuables, comme celui qui les a faites, les Loix qui compoſent ce droit, ne ſont que les rapports néceſſaires & éternels entre la nature de l'homme &

les attributs de fon Dieu. Par exemple, Meſſieurs, pourroit-il, ce Dieu de Juſtice, permettre à l'homme d'être injuſte ? Devenu contraire à lui-même, pourroit-il diſpenſer les hommes de l'amour & du culte que nous lui devons par eſſence ?

Telles ſont ſans doute les vraies idées que nous avons de la Loi naturelle. Mais l'individuité du mariage fait-elle partie des Loix écrites dans ce précieux code ? Dérive-t-elle de cette Loi ſuprême qui détermine les rapports qui ſont entre Dieu & les hommes ? Notre Adverſaire eſt trop inſtruit pour le prétendre.

Si en effet c'étoit cette Loi naturelle qui eût rendu indiſſoluble le mariage, il l'auroit établi ſans doute; & toute ſa cauſe ſe fût réduite à ce ſeul point ; puiſque la conſéquence auroit été certaine, que je n'aurois pû, ſans erreur, réclamer la diſpenſe qui nous diviſe.

Auſſi, MM. bien convaincu que cette propoſition, que *de droit naturel le mariage eſt indiſſoluble*, étoit auſſi utile à préſenter, qu'impoſſible à prouver, il a ſçu concilier avec art, ſon intérêt & la juſteſſe.

Orateur auſſi adroit que Dialecticien habile, il ne s'eſt jamais défaiſi de ce mot impoſant de *droit naturel* qui faiſoit tant d'effet dans ſa cauſe ; & toutefois pour obéir à l'eſprit de préciſion qui l'empêchoit de confondre

confondre les idées, vous lui avez vû diſtinguer deux
ſortes de droits naturels, l'un premier & l'autre ſecondaire. Plaçant enſuite ſous celui-ci l'individuité
du mariage, d'un côté il eſt convenu que ce droit
naturel ſecondaire étoit ſuſceptible d'exceptions, &
de l'autre côté, il s'eſt ménagé l'avantage que ſembloit
lui donner l'expreſſion de droit naturel.

Ainſi, à la faveur d'une diſtinction ſi utile, il n'a
ceſſé de répéter cette maxime trop générale, que de
droit naturel le mariage eſt indiſſoluble. Mais, MM.
ne nous y trompons pas ; cet axiome ne pourroit
nuire à l'exception que je réclame, que ſi on l'enten-
doit du droit de la premiere eſpece ; mais la Partie
adverſe eſt obligée de convenir elle-même qu'il ne
s'agit ici que du droit naturel *ſecondaire*, & la diſtinction qu'il a faite eſt un hommage qu'il a rendu
aux vrais principes. Voici donc ce qu'il nous a
dit :

» Il faut diſtinguer deux ſortes de préceptes de
» droit naturel ; les premiers nommés *primaria jura*,
» ſont ces Loix éternelles qui naiſſent des rapports im-
» muables ; les autres préceptes, nommés *ſecundaria*
» *jura*, naiſſent des rapports établis de Dieu dans
» l'ordre de la ſociété. Dieu ne peut diſpenſer des
» premiers, il ſe contrediroit lui-même : mais il peut

8 G

» difpenfer des feconds, parce qu'Auteur de la fo-
» ciété, il peut en régler & changer en certains cas
» quelques rapports »

Mais, Meffieurs, fi Dieu peut difpenfer les hommes de *ce droit naturel fecondaire*, quelle différence
y aura-t il alors entre ce droit de la feconde efpece,
& ce que j'appellois *une Loi pofitive divine ?* L'ex-
preffion de *droit naturel* ne pouvoit être utile à la
Partie adverfe qu'autant qu'il en auroit conclu que
Dieu n'y fauroit déroger ; mais il avoue qu'une pareille conféquence ne s'applique qu'à ces premiers
préceptes, dont il n'eft pas ici queftion. Que m'importe donc à préfent qu'il appelle *droit naturel* ce que
j'appelle *Loi pofitive*, dès qu'il convient que l'effet
eft le même, que l'exception peut de même avoir
lieu, que Dieu enfin peut en exempter, quand il veut.
Et en effet ma Loi divine pofitive a tous les mêmes
caraĉteres, que votre droit naturel fecondaire. Elle
commence de même avec le monde, Dieu a de même l'intention de la faire obferver toujours, feulement il eft maître de déroger à tous les deux, lorfqu'un plus grand bien le demande. Qu'Adam ait
donc été l'écho d'une Loi divine pofitive, ou d'un
droit naturel fecondaire, ne foyons plus divifés fur
les termes, dès que le fens eft fixé entre nous; je vous

laiffe le nom, fi vous voulez, dès que vous me cedez la chofe ; il s'agira feulement d'avertir que, quand vous prononcez cette maxime éblouiffante que *de droit naturel le mariage eft indiffoluble*, vous entendez qu'il eft indiffoluble d'un droit naturel fecondaire & fufceptible de difpenfe.

Pour fe convaincre que la Partie adverfe ne pouvoit pas lui donner d'autre fens, il n'étoit pas néceffaire d'attendre qu'il l'eût développé lui - même : il fuffifoit d'avoir fait attention au partage de fa défenfe ; ce partage, Meffieurs, l'avoit déja clairement annoncé.

Premierement, nous a-t-il dit, le mariage eft indiffoluble par le droit naturel.

Secondement, Levi n'eft point dans un cas qu'il foit poffible d'excepter.

Mais, Meffieurs, fi lorfqu'il nous a dit dans fa premiere Propofition, que de droit naturel le mariage eft indiffoluble, il eût voulu parler de ce premier droit naturel contre lequel jamais nulle exception n'a lieu, qu'auroit-il eu befoin d'en joindre une feconde pour prouver que Lévi n'étoit point dans un cas qu'il fût poffible d'excepter ? Et fi l'intérêt de fa caufe l'a forcé d'ajouter ce fecond membre, tout relatif à l'exception dont il s'agit, n'étoit-ce pas une

preuve complette que le premier ne touchoit point
à ce premier droit naturel, qui n'en admet jamais
aucune ?

Ainſi, Meſſieurs, les deux points de la diviſion
qu'il a faite, rapprochés l'un de l'autre & péſés avec
ſoin, nous préparoient déja l'aveu indiſpenſable qu'il
nous a fait, que l'individuité du mariage n'appartenoit
qu'au droit naturel ſecondaire ; mais il eſt encore
convenu que ce droit naturel ſecondaire étoit ſuſceptible d'exceptions : donc la premiere Partie de ſa défenſe n'a prouvé toute entiere autre choſe, ſinon qu'il
eſt poſſible que la Loi du mariage reçoive quelquefois
des diſpenſes.

A quoi donc ſe réduit notre Cauſe ? Nous convenons de part & d'autre que les exceptions ſont poſſibles ; il s'agit donc uniquement de ſçavoir ſi l'exception a lieu dans ce cas-ci ; tout ſe réduit, je le répete,
à votre ſeconde Propoſition, Lévi eſt-il ou n'eſt-il
pas dans un cas qui faſſe exception ? Enfin, Meſſieurs,
nous voici rentrés dans la Cauſe.

Je vais actuellement, Meſſieurs, réfuter & détruire le ſecond membre de leur défenſe. Permettez ce
ton de confiance ; il eſt bien dû aux vérités que je
défends.

D'abord, Meſſieurs, ne perdez point de vue le
véritable, l'unique point.

Si l'un de deux Infidèles liés enfemble, à embraſſé
la Religion Chrétienne, & que celui qui eſt encore
dans les ténebres ne veuille plus, par haine pour la
vraie Religion, demeurer avec le nouveau Converti,
celui-ci ainſi abandonné ne pourra-t-il pas prendre
une autre épouſe dans l'Egliſe ? telle eſt exaɛtement
l'eſpece.

Je ſoutiens qu'il le pourra ; que le refus de l'Infidèle en donne le droit au Néophyte ; & ſi la regle
rend le mariage indiſſoluble, je ſoutiens que l'eſpece
préſente eſt un cas d'exception à la regle. Il s'agit
donc uniquement de démontrer que l'exception a lieu
dans ce cas-ci.

Je n'irai point, avant de le prouver, employer
pluſieurs Audiences à établir la regle : nous ſommes
d'accord encore une fois ſur elle. Mais je commence,
avant de le prouver, par remettre ſous les yeux de la
Cour une obſervation préalable, que ſans doute Elle-
même aura faite : c'eſt que ce ſont nos Parties adver-
ſes au contraire, qui de toutes les autorités qu'ils rap-
portent, n'en préſentent preſqu'aucune qui n'aille uniquement à l'appui d'une regle, que je n'ai garde de
conteſter ; tandis que pas une n'attaque l'exception
qui ſeule nous diviſe.

Cette remarque bien importante vous explique

déja, Meffieurs, par quelle raifon vous avez vu citer les mêmes Auteurs des deux côtés : c'eft que prenant chacun dans les mêmes livres, des endroits différens, nos Adverfaires vous les ont lûs fur les articles qui concernoient la regle, tandis que je vous les ai lûs fur l'exception qui fait la Caufe.

Que le Concile de Trente, que les Conférences de Paris, que Saint Thomas ayent foutenu l'indiffo-lution du mariage, ils n'ont dit que ce qu'ils ont dû dire, que ce que j'avois dit auffi dans les hommages que j'ai rendus à ce principe. Mais lorfqu'ils nous ap-prennent qu'il eft un cas où ce principe cede à une exception reconnue, que ce cas eft celui du refus fait par l'Infidèle d'habiter avec le Converti, & quand ce cas enfin forme précifément l'efpece ; je demande le-quel des Défenfeurs a droit de les citer pour lui, de celui qui les réclame fur la regle, ou de celui qui les réclame fur l'exception ? Ne vous flattez donc point d'avoir détruit par-là l'impreffion que des fuffrages auffi forts ont faits fur l'efprit de nos Juges. L'efprit ne fe rend point aux mots ; il faut des chofes pour le convaincre. En vain les mêmes noms ont retenti de part & d'autre ; on ne conclura point que ces Auteurs fe foient contredits, parce que deux Adverfaires les ont chacun cités pour eux ; mais on pefera ce que vous & moi leur faifons dire : on verra que vous les faites s'expliquer fur la regle , tandis que je les cite fur l'exception ; & comme il n'eft queftion ici que de l'exception à la regle , vos recherches paroîtront étrangeres , quand les miennes feront fuivies.

Tel eft, Meffieurs , un premier réfultat de l'éxamen fcrupuleux que j'ai fait des autorités différentes dont on s'eft fervi contre moi ; mais des exemples vous feront juger par vous - mêmes de cette efpece de change , que les Parties adverfes vous ont donné fur l'objet de la caufe.

Nos Adverfaires citent ces paroles du Concile de Trente :

Matrimonii perpetuum indiffolubilemque nexum primus humani generis parens Divini Spiritûs inftinctu pronuntiavit.

Voilà la regle : regle fi vous vous le rappellez , Meffieurs , que j'avois auffi trouvée, en commençant, dans ces mêmes paroles de l'Efprit-Saint , qu'Adam infpiré prononça.

Mais ce Concile reconnoît lui-même enfuite dans fon fixieme Canon , par une efpece bien précife , qu'il peut y avoir des exceptions à cette regle. Quoi qu'il en foit , vous voyez toujours que le Concile de Trente ne parle que de la regle , dans le texte qu'ils nous oppofent.

Ils citent Saint Thomas dans le fupplément, queft.
67 , art. 1. où il dit en général » que fi le lien du ma-
» riage fe peut rompre, les enfans communs feront
» expofés à demeurer fans éducation & fans établiffe-
» ment «.

Voilà encore la regle bien préfentée ; mais voyons
ce que dit ce faint Docteur fur l'exception.

Si l'Infidelle , dit Saint Thomas, *ne veut point*
» habiter avec le Converti, ce dernier pourra quitter
» l'autre, ET SE REMARIER A UNE AUTRE, *poteft*
alteri per matrimonium copulari.

Ils citent les Conférences de Paris, Liv. 6. Confer.
3 , §. 1 , où il eft dit que le mariage eft indiffoluble
de droit naturel.

Voilà toujours la regle bien établie ; mais voyons
encore l'exception.

Au §. 9 de la même Conférence il eft dit , que
» les mariages des Infidèles peuvent être diffous ,
» & que le Néophyte *fe peut remarier*, lorfque la
» partie infidelle *ne veut point* habiter avec celle qui
» s'eft convertie.

Voilà, Meffieurs, affez d'exemples des citations du
premier genre, c'eft-à-dire de celles qu'ils puifent
fur la regle , dans les mêmes Livres où j'avois puifé
l'exception,

Paffons

Paſſons actuellement à un ſecond genre de citations, c'eſt-à-dire à celles qui parlent de certains cas
où l'exception ne doit point être admiſe. Car je ne
prétends pas que leurs autorités ne tendent indiſtinc-
tement toutes qu'à établir la regle ſur l'indiſſolubilité.
J'avoue que quelques-unes traitent des cas, pour leſquels l'exception n'a pas lieu. Mais je ſoutiens qu'aucun de ces cas n'eſt le nôtre, qu'aucun ne touche à
la queſtion préſente ; & ſi leurs premieres citations
n'ont pû me nuire, en établiſſant une regle que je n'ai
jamais diſputée, celles-ci ne me nuiront pas davantage, en refuſant l'exception à des cas qui n'ont aucun
rapport au nôtre.

Il vous faut, Meſſieurs, des exemples. Ils citent
Saint Ambroiſe ſur ces paroles :

Per Baptiſmum diluuntur peccata, non conjugia.

Voilà donc Saint Ambroiſe qui décide que le Baptême n'eſt point un cas d'exception à la regle. Saint
Paul l'avoit dit avant lui : il avoit défendu au nouveau
Converti de renvoyer ſon épouſe Infidelle, ſi elle
vouloit demeurer avec lui.

Mais nous ſommes ici dans l'eſpece d'un Infidèle
qui ſe ſépare, *ſi Infidelis diſcedit*, & que dit alors
Saint Ambroiſe ?

« Quelques-uns, dit-il, penſent que tout mariage

8 H

» vient de Dieu ; mais ſi tout mariage vient de Dieu ,
» on n'en peut donc diſſoudre aucun ? Mais comment
» l'Apôtre auroit-il pû dire : ſi l'Infidelle ſe ſépare,
» que le Fidèle ſe ſépare auſſi » ?

Quidam putant omne conjugium à Deo eſſe , maxi-
mè quia ſcriptum eſt, quod Deus conjunxit homo non
ſeparet, ergo ſi omne conjugium non licet ſolvi , & quo-
modo Apoſtolus dixit : ſi Infidelis diſcedit , diſcedat ,
ergo non omne conjugium à Deo eſt ?

Saint Ambroiſe prend-il aſſez évidemment ici le
mot *diſcedat* pour la rupture du lien, puiſqu'il en conclut que tout mariage n'eſt pas indiſſoluble ; & ce
n'eſt point ici l'Ambroiſiaſte , c'eſt le véritable Saint
Ambroiſe ſur Saint Luc, chapitre 16.

Ils citent Saint Auguſtin *de adulterinis conjugiis ,*
liv. 1 , chap. 25.

Saint Auguſtin défend dans cet endroit au Converti de renvoyer ſa femme ; ſi donc il la renvoye, il
commettra, dit-il, un adultere en en prenant une autre, parce que l'Apôtre a défendu au Néophyte de
renvoyer la femme *qui veut bien* habiter avec lui.

De iis qui jam conjuncti ſunt audiatur Apoſtolus
dicens : ſi quis frater habet uxorem Infidelem , & hæc
conſentit habitare cùm illo , *non dimittat illam ; & ſic*
audiatur , ut quamvis fieri licitum ſit , quia hoc non

dicit Dominus, non tamen fiat, quia uxor expedit propter quodlibet fornicationis genus, sive carnis, sive spiritûs, ubi & Infidelitas intelligitur, dimiſſâ uxore *non licet alteram ducere.*

C'eſt donc, dit Saint Auguſtin, au Converti qui *a renvoyé* ſa femme Infidelle, que Saint Paul défend d'en prendre une autre.

Mais, Meſſieurs, quelle ſingularité de prendre ce que diſent les Peres ſur le paſſage de Saint Paul, qui concerne le cas où c'eſt le Néophyte qui *renvoye* ſa femme Infidelle, pour enſuite nous les oppoſer ſur ce que dit Saint Paul du cas où c'eſt, au contraire, la femme Infidelle qui *abandonne* le Néophyte.

Leur ſeconde citation de Saint Auguſtin poſe encore ſur la même équivoque. Dans la premiere citation le Néophyte qui répudie ſa femme & en prend une autre, commet un adultere, parce que le premier nœud ſubſiſte ; & parce que le premier nœud ſubſiſte, l'Infidelle répudiée, eſt-il dit dans la ſeconde, en commet un dé ſon côté en ſe remariant.

In alia conjugia cùm ceciderint, viventibus iis à quibus dimittuntur, adulterinis nexibus colligati difficillimè reſolvuntur.

C'eſt donc la défenſe que fait l'Apôtre au Néophyte, ſur le verſet 12 de ſon Épître, de quitter ſa femme

qui veut bien demeurer avec lui , qui fait l'objet de
ce paſſage de Saint Auguſtin ; mais ſur quel motif ce
ſaint Pere nous dit-il qu'eſt appuyée la défenſe de
l'Apôtre ? Ce n'eſt pas ſur la néceſſité de conſerver le
lien en pareil cas, mais ſur l'eſpérance de convertir
l'Infidelle qui conſent à la demeure commune.

Non enim propter vinculum , je vous ſupplie , Meſſieurs , de faire attention à ces termes de Saint Auguſtin , *non propter vinculum cum talibus conjugale
ſervandum , ſed ut acquirantur in Chriſtum , recedi ab
Infidelibus Apoſtolus vetat.*

Mais voyons donc ce que dit Saint Auguſtin ſur
le verſet de l'Apôtre qui regarde le Converti, dont
la femme Infidelle ſe ſépare ; ce verſet eſt le ſeul qui
doive décider notre eſpece.

Ubi Apoſtolus dicit , quod ſi Infidelis diſcedit, diſcedat ; *non eſt enim ſervituti ſubjectus frater vel ſoror
in hujuſmodi. . . . . . procul dubio plus tenebitur amore
divinæ gratiæ, quam carnis uxoriæ , & membrum quod
eum ſcandaliſat fortiter amputat.*

Voilà donc comme s'exprime Saint Auguſtin ſur
le *diſcedat* de l'Apôtre : voilà l'endroit ſur lequel les
Conférences de Paris, ſur lequel d'Hericourt le citent
pour la déciſion de notre eſpece ; voilà le ſeul endroit
ſur lequel nous devions le conſulter, & non pas

comme vous l'avez fait, fur ce que doit faire un Infidèle qui fe préfente au Baptême, après avoir répudié
fa premiere femme, & en avoir pris une autre.

Saint Auguftin décide avec raifon qu'avant de le
lui conférer, il faut qu'il reprenne la premiere ; il avoit
eu tort de renvoyer cette premiere époufe ; c'eft un
crime qu'il doit expier avant fon Baptême ; il ne le
peut qu'en retournant à elle. Quel rapport cette efpece a-t-elle avec la nôtre ?

Il cite Saint Bafile dans fon Epître 199 à Amphiloque, can. 48.

Dans cet endroit Saint Bafile explique le fens de ces
paroles de Jefus-Chrift dans Saint Matthieu ; *fi quis relinquat uxorem, exceptâ fornicationis caufâ, facit eam
mœchari.*

Et voici comment il raifonne : « Puifque Jefus-
» Chrift dit que celui qui a abandonné fa femme, la
» met dans le cas de commettre un adultere, la
» femme abandonnée par fon mari, ne peut donc
» pas en époufer un autre : donc il faut à mon avis,
» dit Saint Bafile, qu'elle refte fans époux. »

Vous voyez, Meffieurs, qu'il parle ici des deux
époux Chrétiens, auxquels s'applique le verfet de
Saint Matthieu qu'il examine.

Quæ à marito relicta eft, meâ quidem fententiâ ma-

nere debet ; fi enim Dominus dixit : fi quis relinquat
uxorem , exceptâ fornicationis caufâ , facit eam mœ-
chari , ex eo quod eam adulteram vocet , prœclufit ei
conjunctionem cum alio.

Mais voyons ce que dit Saint Bafile fur l'Epître
de l'Apôtre dont il s'agit : c'eft dans fon canon 9 de
fon Epître 188 , au même Amphiloque , qu'il l'examine : « Une femme chrétienne ne doit point quitter
» fon époux Infidèle à caufe de l'incertitude où elle
» eft fur la converfion que cette habitation commune
» peut procurer à fon mari ; car, comme dit l'Apô-
» tre, que favez-vous, femme, fi vous ne convertirez
» pas votre mari ? MAIS CELUI *QUI EST ABAN-*
» *DONNÉ*, N'EST POINT COUPABLE, ET LA FEMME
» QU'IL PREND, N'EST POINT REPRÉHENSIBLE. »

Ab Infideli viro non juffa eft mulier feparari , fed
propter incertum eventum remanere ; quid enim fcis,
mulier, an virum falvum fis factura ? Quare quœ reli-
quit eft adultera , fi ad alium virum acceffit ; qui au-
tem relictus eft, dignus eft veniâ , & quœ unà cum
eo habitat non condemnatur.

Je ne vous dirai point, Meffieurs, comme le Défenfeur du Curé de Villeneuve, » faififfez la doctrine
» des Peres : ce n'eft pas à ce qu'ils préfentent au pre-
» mier coup d'œil qu'il faut s'en tenir : il faut embraffer

» un corps de fyftême, en avoir fait une analyfe entiere «.Lorfqu'on a befoin de tant d'efforts pour faire
entendre des expreffions claires par elles-mêmes,
c'eft une preuve bien sûre que le fens qu'on leur
prête, n'eft pas le leur.

Il ne refte plus à difcuter que S. Chryfoftôme.

L'un de mes Adverfaires a vu que ce Pere étoit
évidemment pour moi ; il en eft convenu de bonne
foi. Il eft vrai que cet aveu m'a d'autant plus étonné
de fa part, que d'après l'expédient dont il s'étoit avifé
fur les autres, il lui étoit facile encore de prendre
dans celui-ci un texte indifférent à notre efpece, pour
le citer en fa faveur.

Mais s'il a reconnu que ce Pere étoit pour la diffolution du mariage, c'étoit pour en conclure que ce
Pere s'étoit trompé. Mais, Meffieurs, il fe feroit
trompé avec tant d'autres Peres comme lui, qu'il eft
bien évident que c'eft notre Adverfaire feul qui fe
trompe.

L'Autre Adverfaire a pris une route toute op-
pofée.

Il n'a point dit comme le premier : » Saint Chryfoftôme eft pour vous, mais il fe trompe « ; il a dit au
contraire, » Saint Chryfoftôme ne s'eft pas trompé,
mais il eft pour moi «.

Voyons donc ce qu'il prend dans Saint Chryſoſ-tôme.

Saint Chryſoſtôme, ſur le verſet 39 de Saint Paul, qui eſt fait pour deux époux chrétiens, étend la penſée de l'Apôtre.

L'Apôtre dit à ces deux époux, l'un & l'autre chrétiens, *uxor alligata eſt legi, quoad vixerit vir illius.*

Saint Chryſoſtôme répete ces mêmes paroles: *mulier adſtricta eſt legi*; puis il ajoute : *quemadmodum ſervi fugitivi, etiamſi domum herilem relinquant, catenam ſecum trahunt attrahentem, ita & mulieres, etiamſi viros relinquant, legem habent pro catena.*

Mais voyons à préſent ce qu'il dit pour deux époux dont l'un eſt converti & l'autre ne l'eſt pas.

D'abord nos Adverſaires ſe ſont réunis l'un & l'autre pour convenir que Saint Chryſoſtôme croyoit que l'adultere rompoit le lien. Ne diſons pas que Saint Chryſoſtôme ait erré ſur ce point. Le Concile de Trente prononce l'anathême contre ceux qui penſent que l'Egliſe Latine ſe trompe, quand elle dit que l'adultere ne rompt point le nœud du mariage : mais il ne prononce point l'anathême contre l'Egliſe Grecque, qui penſe encore comme Saint Chryſoſtôme. Quoi qu'il en ſoit, voilà ce que Saint Chryſoſtôme

penſoit

penſoit de l'adultere. Il examine enſuite le texte de l'Apôtre : *Si Infidelis diſcedit, diſcedat*, & il dit préciſément :

Melius eſt ut divellatur *matrimonium, quàm pietas ; ille enim jam cauſam præbuit, ſicut & qui eſt fornicatus.*

L'adultere, ſelon lui, rompoit le nœud, & voici comment il raiſonne.

« Si l'Infidèle par haine pour la Religion ſe ſépare ;
» il vaut mieux rompre le mariage que de détruire la
» foi ; car cet Infidèle a donné autant de matiere à la
» diſſolution du nœud que l'adultere. »

Cette comparaiſon de l'adultere avec l'infidélité étoit, ſelon le Défenſeur de Monſieur l'Evêque de Soiſſons, la ſuite d'une erreur de l'Egliſe Grecque, qui ſuffit pour écarter de notre cauſe toute l'autorité des Peres Grecs.

Mais voyons, Meſſieurs, combien ce Défenſeur eſt conſéquent & d'accord avec lui-même :

Il termine la diſcuſſion des Peres qu'il invoque pour lui, par l'autorité de Théophilacte qui étoit, non pas un Pere de l'Egliſe Grecque, mais un ſimple Grec, abbréviateur d'un Pere Grec, & qui n'emprunte que de lui tout ſon luſtre.

C'eſt donc par ce Théophilacte qu'il finit la liſte de

ſes autorités. Pourquoi cela , Meſſieurs ; car cette diſ-
poſition n'a pas été faite ſans deſſein ? C'eſt que Théophilaĉte eſt abſolument de tous ceux qu'il vous a cités,
le ſeul qu'il paroiſſe avoir droit de réclamer pour lui ;
enſorte qu'après vous avoir lu les Peres dont le ſens
avoit été détourné , il a penſé qu'en plaçant à leur
ſuite une homme qui fut enfin dans l'eſpece, la juſteſſe
de cette citation reflueroit, pour ainſi dire, ſur toute
cette liſte d'autorités étrangeres.

. Enſuite il me demande d'un ton de triomphe :
« Avez-vous lu Théophilaĉte , vous qui l'avez cité
» pour vous ? Oui, je l'ai lu ; & c'eſt parce que je
l'ai lu, que je ne me dépars point de ma propoſition ,
que vous n'avez abſolument aucune autorité pour
vous, pas même celle de Théophilaĉte.

Théophilaĉte , dans l'endroit où je l'avois cité, décide préciſément l'eſpece en ma faveur ; voici ce qu'il
dit ſur le verſet 1 5 de l'Épître aux Corinthiens : *Quod
ſi Infidelis.* Il vaut mieux rompre le mariage que de
détruire la piété du converti, *ſatiùs eſt connubium
ſolvere quàm pietatem.*

Vous en citez un autre endroit pour vous ; il en
réſulte d'abord que Théophilaĉte s'eſt contredit , &
dès-lors cet Auteur n'eſt plus ni pour vous ni pour
moi.

Mais il y a plus, c'eſt que l'endroit même que
vous citez pour vous, je le reclame : car Théophilacte
ne ſe contredit ſur cet endroit que pour avouer qu'il
contredit auſſi l'Egliſe. Il penſe comme vous, dans cet
endroit, que le *diſcedat* ne ſe doit entendre que de la
ſéparation de fait ; mais il dit comme moi, que l'E-
gliſe l'entend d'une rupture de lien, *in hoc ſenſu*,
(*liberum eſſe*) *communiter intelligit hæc Pauli verba
Eccleſia.* Voilà aſſurément un témoignage bien peu
ſuſpect que vous me fourniſſez vous-même de la tradition de l'Egliſe.

Vous voyez donc, Meſſieurs, que les autorités de
nos Adverſaires ſe réduiſent toutes à deux claſſes.

Dans l'une, je place celles qui ſont indifférentes à
notre cauſe ; celles-là ſervent à établir que dans la regle le mariage ne ſe doit pas diſſoudre.

Dans l'autre, je place celles qui n'ont nulle rela-
tion à l'eſpece ; celles-là ſervent à établir quelques cas
où la regle ne peut ſouffrir d'atteinte.

Les premieres, je n'ai garde de les conteſter ; j'ai
aſſez de fois reconnu la ſageſſe de cette regle ; d'ailleurs, l'exception même que je réclame, & la ſup-
poſe & la confirme.

Les ſecondes, je n'ai garde de les conteſter davantage, puiſque les cas dans leſquels elles maintiennent

la regle , font différens de celui que nous agitons.

Auffi , Meffieurs , les unes comme les autres font-elles tirées des mêmes livres que je vous ai cités pour moi, parce que ces Auteurs , avant que d'établir l'exception que j'invoque , devoient d'abord prouver la regle , pouvoient enfuite rejetter l'exception , de cas peu femblables au nôtre.

Donc en deux mots , toutes leurs autorités font inutiles ou étrangeres.

Voici donc la différence de nos réponfes réciproques aux objeétions , que nous nous faifons l'un à l'autre.

Ils m'objeétent des paffages fans nombre ; je leur foutiens & je leur prouve qu'ils n'ont aucun trait à la Caufe.

Je leur en objeéte à mon tour ; ils conviennent qu'ils s'y appliquent ; mais, difent-ils, tous ces Auteurs fe font trompés. Que l'on nous juge fur ces manieres de procéder : de quel côté reftera l'avantage ?

Sera-ce l'avis particulier de mes deux Adverfaires qui prévaudra fur cette multitude d'Auteurs ? Il ne paroît pas qu'ils s'en flattent, puifqu'ils aiment mieux changer l'état de la queftion pour les citer fur une efpece différente, que d'avouer que , fur la nôtre , ils ne leur font point favorables.

Puis donc que mes autorités me reſtent toutes en-
tieres, & que leurs vains efforts n'ont pu leur donner
nul échec, il eſt temps de reprendre contre eux tout
l'uſage que j'en dois faire.

Ne croyez cependant pas, Meſſieurs, que mon
deſſein ſoit de les retracer. Je viens déja d'en remettre
pluſieurs ſous vos yeux ; d'ailleurs vous vous rappellez
ſans doute quelle liſte étendue j'ai eu l'honneur de
vous en donner en commençant : il ſuffit donc, pour
ne point vous fatiguer, Meſſieurs, par d'inutiles ré-
pétitions, de dire ici que tous les Peres, les Papes &
les Doſteurs qui ont traité cette matiere, offrent ſur
cet objet l'unanimité la plus parfaite ; que la diſpenſe
que je réclame eſt reçue dans les Tribunaux, ſoutenue dans l'Ecole, inférée dans les Décrétales, auto-
riſée par les Canons, écrite dans tous les Catéchiſ-
mes, conſignée dans tous les Rituels, ſuivie dans tous
les Dioceſes ; que quelque Auteur que l'on conſulte,
Théologiens, Canoniſtes, Juriſconſultes, Interprêtes,
Caſuiſtes, tous les Membres de l'Egliſe l'annoncent,
que tous les Ordres la publient.

A cette doſtrine univerſelle ſe réunit la pratique
la plus conſtante. Dans ces Villes où les converſions
ſont moins rares, parce qu'il s'y trouve plus de Juifs,
la diſcipline y eſt conforme. Soit à Toul, ſoit à Metz,

foit à Strasbourg, foit à Colmar, foit à Verdun, ce privilege leur eft acquis ; en voici, Meffieurs, des preuves bien authentiques : j'ai dans mes mains des certificats de l'ufage, fignés & du Grand-Vicaire de Verdun, & du Vice-Gerent de l'Officialité de Metz, & du Secretaire de l'Evêché de Strasbourg, & de M. l'Evêque de Toul, qui tous atteftent que dans leurs Dioceſes l'ufage eft DE LES REMARIER *quand leurs femmes Infidelles les abandonnent.* Permettez-moi de vous en lire du moins un.

Certificat du Secretaire de l'Evêché de Strasbourg, qui conftate que l'ufage de ce Diocefe eft de permettre aux Juifs baptifés de fe remarier quand leurs femmes Juives REFUSENT DE CO-HABITER AVEC EUX.

« Je fouffigné Secretaire de l'Evêché de Stras-
» bourg, certifie par ces Préfentes, qu'il confte par
» les Regiftres du Greffe dudit Evêché, qu'il a de
» tout temps été d'ufage dans le Diocefe de Stras-
» bourg, de permettre aux Juifs baptifés de contrac-
» ter mariage avec des perfonnes catholiques, *lorf-*
» *que leurs femmes Juives ont été refufantes de co-*
» *habiter avec eux,* après qu'ils avoient reçu le Bap-
» *tême;* lequel ufage a auffi été conftamment reconnu

» par le Conseil Souverain de Colmar toutes & quan-
» tes fois qu'il y a eu quelque contestation à ce sujet
» pour le temporel, ainsi qu'il conste par nombre
» d'exemples qui se trouvent dans la Province d'Al-
» sace. En foi de quoi j'ai signé le présent Certificat,
» & par ordre de Monseigneur le Grand-Vicaire, ap-
» posé le Sceau du Grand-Vicariat de l'Evêché. A
» Strasbourg, le 4 Octobre 1754. *Signé*, LANTZ,
» Secretaire de l'Evêché de Stasbourg.

  » Nous soussignés, certifions que le sieur Lantz,
» qui a donné l'attestation ci-dessus, est Secretaire de
» l'Evêché, & que foi est ajoutée aux Actes qu'il
» expédie en sadite qualité. A Strasbourg, ce qua-
» trieme Octobre mil sept cent cinquante-quatre.
» *Signé*, *J. F. Evêque d'U R A N O P L E, Suffragant*
» *Vicaire Général de Strasbourg* : Plus bas est écrit,
» *par Monseigneur*, Signé, *LEAUJEAN*. »

  A toutes ces preuves je joins, Messieurs, nombre
d'exemples d'Infidèles convertis, puis remariés en
pareil cas. L'un, nommé Albert, a été remarié à
Paris, en 1720, du consentement de M. le Cardi-
nal de Noailles. En 1732, Bernard Hirtz l'a été à
Strasbourg. Volf-Bacher l'a été par Arrêt de Colmar
en 1749. En 1751, Salomon Lambert l'a été à Ver-

dun. Toutes ces pieces feront communiquées à M. l'Avocat Général.

Ainfi, Meffieurs, toutes les Eglifes du Royaume élevent leurs voix de concert pour s'oppofer à l'entreprife que nos Adverfaires ont tentée. De quel droit ofent-ils attaquer cette foule de monumens ? Preffés par des argumens fi puiffans, dans quels pays chercheront-ils une retraite ? J'aurai peu befoin de les fuivre ; ils trouveront des ennemis par-tout ; Gonzalès en Efpagne ; en Flandres Van-Efpen ; Fagnan en Italie ; Nicolis & le Pere Piclaire en Allemagne. Ou s'ils efperent un afyle plus fûr dans ces Contrées du nouveau monde, où la foi a heureufement pénétré, le Concile du Mexique a porté dans cet autre hémifphere, les vraies maximes, & remarie le Profélite. Voici les termes de ce Concile : *Si quando evenerit ut ftante duorum Infidelium matrimonio, alter conjugum ad fidem converfus Baptifmum fufceperit, altero nullo modo ad Catholicam fidem fe convertere volente.* . . . . QUI RELINQUITUR , *AD SECUNDA , SI VOLUE-RIT , VOTA TRANSIBIT.*

Ainfi, Meffieurs , je ne dis rien de trop ; tout le monde chrétien protefte contre la tentative que l'on effaye de vous faite adopter. Nos Adverfaires le fçavent comme nous ; & comment pourroient-ils l'ignorer ?

rer ? Mais admirez , je vous fupplie , tout le courage
de leur défenfe.

Vous voyez, difent-ils, les plus fçavans Doêteurs,
les Papes les plus illuftres , les plus célebres Théologiens autorifer dans cette efpece la diffolution du mariage. Tel eft l'ufage de tous les Diocefes ; la pratique
de tous les Rituels l'établit ; la difcipline de toute l'E-
glife y eft conforme. Frappés de ce concours de fuffrages fi unanimes, vous courez embraffer une maxime que vous croyez certaine ; qu'allez-vous faire ?
Je vous arrête. Une vieille erreur a féduit les efprits.
Cette opinion ridicule & bifarre fut adoptée fans ré-
flexion par des Peres , qui l'ont tranfmife à des Docteurs trop crédules, de qui l'ont reçue des Papes inat-
tentifs, qu'ont imité, faute d'étude, tous nos Evê-
ques , tous nos Théologiens ; mais c'eft moi feul, qui,
féparant les ténébres de la lumiere, vais porter aujourd'hui le flambeau dans cette nuit profonde , où
depuis tant de fiecles s'eft égarée toute l'Eglife.

Eft-ce donc-là , Meffieurs , le langage que tien-
droit devant vous un Prélat auffi fage que M. l'Evêque de Soiffons ? Rempli de fes propres idées , vien-
droit-il ériger ainfi en oracles fes fentimens particu-
liers ? C'eft l'eftime, je le fçais bien , c'eft le refpeêt
que nos Adverfaires ont à jufte titre pour lui , qui

8 K

les animent à défendre si vivement une opinion qu'ils auront cru la sienne ; mais plus ce grand Prélat est digne de leur estime , moins il approuveroit sans doute le zele extrême qui les emporte. Il sçait que sur des points de cette nature , toute innovation est funeste , tout changement est défendu.

Il sçait *que plus l'autorité Episcopale est éminente , plus on en doit user avec modération , suivre en tout point les saints Canons , éviter avec soin tout ce qui sent la nouveauté.*

Tels sont, mot pour mot, les principes qu'il a placés lui-même, & que j'ai lu , Messieurs, à la tête de son Rituel.

C'est pour s'y conformer , que ce Rituel même nous apprend, que dans l'espece que nous traitons , *il est permis au Converti abandonné de se remarier dans l'Eglise.*

Quel garant plus formel puis-je avoir du point de Droit que je réclame, *que le Rituel même de Soissons ?* Quelle plus forte autorité puis-je opposer *à M. de Soissons,* que lui-même ? Qu'il me permette de faire valoir contre lui tout le mérite & tout le poids d'un suffrage si respectable.

Et quel motif peut intéresser davantage aux succès dûs à ce Rituel, que de voir qu'il est fondé sur les paroles mêmes de l'Apôtre ; car si ce Rituel rend hommage à la difcipline de l'Eglife, il reconnoît en même-tems comme elle, *que c'eft l'Apôtre qui nous l'enfeigne.*

Que font encore nos Adverfaires pour tarir jufqu'à la fource d'où dérive cette difcipline ? S. Paul, à les entendre, n'a jamais dit ce qu'on lui prête ; puis ils déployent un commentaire tout moderne pour lui rendre fon véritable fens. Mais quelle étrange indépendance, & quel goût pour les routes nouvelles ! Jurifconfultes, Papes, Docteurs, faites filence, & écoutons ces nouveaux Interprêtes.

Pour prouver que dans le verfet 15, Saint Paul ne permet au Néophyte abandonné que la féparation de fait, nos Adverfaires ont avancé d'abord que l'Apôtre ne parle qu'au verfet 39 de la diffolution du mariage ; mais c'eft-là précifement fuppofer ce qui eft en queftion, puifqu'il s'agit de fixer le fens du verfet 15.

Mais, dit-on, il eft certain que dans les premiers verfets de ce chapitre, l'Apôtre permet feulement de ceffer d'habiter enfemble. Oui, fans doute. Mais n'a-t-il pas décidé enfuite dans celui-ci, qu'il eft un cas où le mariage eft entiérement diffous ? Encore une fois, voilà la queftion. Or, nos Adverfaires commencent par prononcer, & jugent où ils faudroit prouver.

K ij

En fecond lieu, ils ont imaginé une ponctuation toute neuve, par le moyen de laquelle, au lieu d'appliquer avec toutes les verfions du monde, ces mots *nam cœteris dico non Dominus*, du verfet 12, aux époux de différentes Religions dont il eft parlé dans ce même verfet 12, ils renvoyent ces mots aux célibataires & aux veuves à qui l'Apôtre s'adreffoit 4 ou 5 verfets plus haut. Mais quand nous nous prêterions à cette tranfpofition finguliere de fens & de conftruction, qu'en réfultera-t-il en faveur de notre Adverfaire? Empêchera t-il qu'on ne life textuellement dans ce verfet, que l'époufe infidelle qui quitte fon époux fidèle, donne à celui-ci le droit de la quitter à fon tour, *difcedat, &c.*

. En réuffira-t-il davantage à reftreindre la fignification du mot *difcedat*, à une fimple féparation de corps?

Enfin, lui fera-t-il poffible de fe fauver de la bifarrerie qu'entraîne cette interprétation?

On fera donc dire à Saint Paul, que fi la femme infidelle *ceffe d'être avec fon mari*, celui-ci aura le droit *de n'être plus avec elle* : on lui permettra ce qu'il n'eft pas en fon pouvoir d'éviter. Peut-on imputer à un homme infpiré, à un Apôtre, une ineptie de cette nature?

D'ailleurs, quand l'Apôtre annonce, au verſet 11, à l'époux Chrétien uni à une épouſe Chrétienne, que ſon nœud ne peut ſe rompre : il lui dit : que s'il ſe ſépare elle ne doit pas ſe remarier, *manere innuptam* ; il lui apprend que ſa chaîne ſubſiſte, *vivente viro alligata eſt*. Au contraire, quand il parle au Néophyte que ſa femme abandonne, il lui annonce que ſa chaîne eſt rompue, qu'il eſt affranchi de toute puiſſance étrangere ; en un mot, que ſon eſclavage eſt fini, *non eſt ſervituti ſubjeċtus*. Peut-on trouver des expreſſions plus fortes ? Et n'eſt-ce pas à ce caractere que Saint Paul a toujours marqué la diſſolution du mariage ?

Sous quelles idées nous préſente-t-il la femme rendue à elle-même par la mort de ſon mari ? Elle eſt, dit-il, ſortie de ſes chaînes, *ſoluta eſt* ; elle a recouvré ſa liberté, *liberata eſt*. Il dit ici que le Néophyte abandonné n'eſt plus eſclave, qu'il n'eſt plus dans la ſervitude, *non eſt ſervituti ſubjeċtus*. Mais quitter ſes chaînes, ou n'être plus eſclave, recouvrer ſa liberté, ou ſortir de la ſervitude ; n'eſt-il pas évident que ces expreſſions toutes ſemblables, & dont l'énergie eſt la même, n'ont point dans le même Auteur deux ſignifications contraires ?

Mais voulez-vous que je me prête à une hypotheſe

peu décente, & que je suppose avec vous de l'obscurité dans S. Paul ?

Eh bien , je veux pour un instant, que le texte ne soit pas clair, à qui est-ce à l'interprêter ? N'est-ce pas à la Tradition ? Elle l'a fait, vous en convenez; mais la Tradition s'est trompée. L'erreur a donc prévalu dans l'Eglise ? Vous convenez du moins que depuis sept cens ans, le sens que je donne à l'Apôtre est reconnu , est réduit par elle en pratique. Voilà donc, selon vous-même , sept cens ans que l'erreur a pris créance dans l'Eglise. Portez vos découvertes sur des objets d'un autre genre ; les erreurs des hommes offrent une matiere assez ample. Mais ici, quelles que soient vos lumieres, vous vous trompez, puisque vous dites que l'Eglise se trompe. Et si vous entendites, l'autre jour , à l'ouverture de nos Audiences, un Magistrat * dont l'esprit & le cœur devancent l'âge pour en faire un modèle, & qui peignant dans son discours ses talens & son ame, apprenoit à notre Ordre , *que pour bien dire, il faut avant tout bien penser*, lesquels *disent mieux* aujourd'hui , de celui qui défend, ou de ceux qui combattent *ce que pense* toute l'Eglise ?

* M. de S. Fargeau.

En un mot, la vérité que je soutiens est renfermée dans des Canons que l'usage de l'Eglise consacre. Sa pratique constante, sa discipline universelle sont at-

taquées par la Sentence de l'Official : & nos Adverfaires nous demandent avec fang-froid, où eft l'abus?
Quoi donc ! un Official n'a point commis d'abus, qui
contrevient à fon propre Rituel, à la Loi de fon Diocefe, à la décifion d'un Apôtre, à une difcipline uni-
forme, à des Canons reçus dans le Royaume, enfin
aux Ordonnances de nos Rois qui en prefcrivent
l'exécution. Car l'ufage que fait le Prince de fa puif-
fance vis-à-vis le lien du mariage, c'eft de maintenir,
de protéger les regles que les Canons prefcrivent fur
ce point. Il n'a point fait de Loi expreffe pour établir qu'indiftinctement tout mariage, tant ceux faits
dans les Synagogues, que ceux faits dans l'Eglife,
feroient indiffolubles ; mais il ordonne qu'on obéiffe,
qu'on fe foumette aux Canons qui prononcent fur cet
objet.

Mais quand ces Canons qni renferment la regle,
renferment auffi une exception précife ; le vœu du
Prince, la Loi civile, veillent autant à la pratique de
l'exception, qu'à l'obfervance même de la règle.

Qu'on ne vienne donc plus nous dire que Jefus-
Chrift n'eft rien venu changer aux Loix des hommes,
cela eft vrai ; mais quand les Loix des hommes con-
fiftent à défendre celles de l'Eglife : ce n'eft point
moi qui viens combattre les Loix des hommes en ré-

clamant celles de l'Eglife, mais c'eft vous-même, qui, attaquant celles de l'Eglife, venez détruire celles des hommes.

Qu'ils n'effayent donc plus de franchir par des conféquences contraires à leurs propres principes, les bornes impénétrables, qu'une poffeffion de tous les fiecles a affermies contr'eux, dans l'Eglife. Car le Tems qui détruit nos ouvrages, affure & fortifie ceux de l'Eglife ; fes décifions font les mêmes dans tous les temps ; & comme le fens donné par toute l'Eglife à un paffage des divines Ecritures tient au dogme ; fans m'arrêter, comme je l'ai fait, à réfuter leurs vaines interprétations fur les Peres, ce que penfe aujourd'hui l'Eglife m'eût été, Meffieurs, un garant fuffifant de ce qu'elle a toujours penfé.

Oui fans doute, l'efprit qui animoit S. Paul nous eft fidèlement rendu par ces célebres Ecrivains, qu'ils ont traités avec fi peu d'éftime. Si du milieu *de cette foule obfcure*, pour répéter vos propres termes, les de Sacy, les Fleury, les Duguet, les Delan, les Gibert venoient me remplacer ici ; ces hommes, que vous appellez *une nuée d'Auteurs faite pour obfcurcir la caufe*, formeroient un corps de lumiere, dont l'éclat feroit bientôt pâlir cette lueur chancelante, incertaine, que vous n'avez pu prendre qu'au feu de l'imagination.   Mais

Mais si la défense de cette cause est tombée en de plus foibles mains , il est une Providence qui veille sans cesse au maintien de la saine Doctrine ; & tandis qu'à la derniere Audience , l'un de mes Adversaires entassoit volumes sur volumes pour m'étouffer du moins & sous leur nombre & sous leur poids : le même jour , à l'heure même , au même instant (les détails sont grands quand les choses le sont) au même instant , Messieurs , la Faculté de Theologie réfutoit sur ses bancs , le même système qu'on vous plaidoit ici. Voici l'une des positions de la These qu'on y soutenoit. *Sic volente Deo , solvi potest apud infideles matrimonium consummatum , alterius conjugum conversione.*

Que répondront mes adversaires à tant de témoignages ? Nous diront-ils encore : » si l'Official pouvoit remarier Levi , il n'a donc point commis d'abus en ne le remariant pas , puisque loin d'excéder son pouvoir , il n'a pas été même jusqu'où il pouvoit aller ? «

Mais sur qui pourroit prendre un sophisme de cette espece ? N'y a-t-il pas autant d'abus à ne pas faire ce que l'on doit , qu'à faire ce que l'on ne doit pas ? Et si les Ministres de Jesus-Christ ne peuvent rien relâcher de ses droits , leur est-il permis davantage de fupprimer ou de reftreindre les privileges que les hommes tiennent de lui ?

Voilà, Meffieurs, toute ma défenfe rétablie.

Que le Défenfeur de M. l'Evêque de Soiffons ne s'attende donc pas que je le fuive dans les écarts où il s'eft jetté fans ceffe, fur les mariages des Patriarches, & fur le divorce des Juifs.

· Car l'objet aftuel ne dépend ni des mariages des Patriarches, ni du divorce des Hébreux. Et cependant comme fi j'avois dit : les Patriarches ont eu à la fois plufieurs femmes, donc il en faut donner une feconde à Levi; la Loi des Juifs permettoit le divorce, donc Levi, quoique Chrétien, doit faire divorce avec Mendel : nos Adverfaires ont attaqué deux vérités inconteftables, pour faire croire qu'ils m'enlevoient par-là deux conféquences, que je n'en tirois pas. Ils n'ont pas voulu voir que, quand même j'aurois dit avec eux, que le divorce ne rompoit pas le lien, que les mariages des Patriarches n'étoient pas irrépréhenfibles, leur Caufe n'en feroit pas meilleure, ni leur Défenfe plus avancée; puifque ce n'eft ni fur l'un ni fur l'autre de ces exemples qu'Elie Levi appuye fon droit. Ainfi l'efquiffe que j'avois crayonnée des changemens importans du mariage, notre Adverfaire ou ne l'a pas faifie, ou a cru devoir l'éluder pour l'intérêt de fa défenfe.

Le premier homme, avois-je dit, naît innocent.
Il naît parconféquent heureux. Bien-tôt Dieu lui
donne une femme pour augmenter fa joie & par-
tager fon innocence. Mais cette union fi pure eft le
tableau d'une union plus parfaite, & l'alliance d'Adam
& d'Eve figure celle de Jefus-Chrift avec l'Eglife.
Mais en quoi le mariage des deux premiers époux
repréfente-t-il ce mariage myftérieux? C'eft qu'il raf-
femble les deux excellens caracteres qui font l'effence
de ce fecond mariage. Ces deux grands caracteres
font l'UNITE', l'INDIVIDUITE'. Jefus-Chrift ne fe
joint qu'à l'Eglife ; & le nœud qui les lie ne fe rom-
pra jamais. C'eft donc comme réuniffant ces deux
qualités éminentes, que le mariage de nos Premiers
Parens eft le fymbole de ce lien fupérieur.

Leur innocence ne dura prefque que le temps néceffaire pour former ce fymbole. Chaftes & faints lorfque Dieu les unit, à peine ils font enfemble qu'ils
fe foulevent contre Dieu même, & cette révolte,
qui rend indifpenfable la venue d'un Réparateur,
fait que leur chûte devient bien-tôt la caufe de cette
même fociété divine, dont leur union étoit déja
l'image.

Dès ce moment un Arrêt incompréhenfible ayant
dégradé les enfans dans la perfonne de leur pere

rebelle , nul engagement , nulle alliance n'a été digne de nous retracer celle que Jefus-Chriſt devoit former.

Que devinrent donc les mariages des hommes dans l'eſpace qui ſépara la figure de la réalité ? Pouvoient-ils être des portraits bien fidèles de celui de l'Egliſe avec ſon divin Chef? Auſſi les traits de reſſemblance que le mariage avoit dans ſon principe, avec cette ſublime alliance , diſparurent dès qu'Adam eut péché. Ces caracteres *d'unité* , *d'individuité* , par leſquels le fien nous préſageoit un grand myſtere, ne convinrent plus à ceux qui ſe formoient depuis ſa faute ; & ſoit ſous l'état de nature , ſoit ſous l'empire de la Loi Moſaïque, les Patriarches devenant polygames, & Moyſe tolérant le divorce, d'un côté la polygamie effaça l'unité des mariages, d'un autre côté le divorce en détruiſit l'individuité.

Ces deux propriétés , faites dans l'origine pour aſſurer la félicité des mariages , en auroient fait depuis des jougs trop peſans ; & comme le mariage ne devoit recouvrer que ſous la Loi nouvelle cet éclat primitif dont il brilloit ſous l'état d'innocence ; dans l'intervalle , tandis que la grace étoit moindre & que les cœurs étoient plus endurcis , Dieu fut plus indulgent pour eux , & de-là vinrent la pluralité des épouſes & le droit de les répudier.

C'est donc la Loi nouvelle, c'est cette Loi de bonheur & d'amour que Jesus-Christ vint apporter aux hommes, qui rappella enfin le mariage à la nobleſſe de ſon inſtitution. Sous cette Loi, Jesus-Christ réaliſe par ſon mariage, cet important myſtere que celui d'Adam figuroit ; & ce myſtere, qui s'accomplit dans le ſein de l'Egliſe, éleve, par la vertu du Sacrement, les mariages de ſes enfans au même rang que celui de leur mere.

Mais qu'ai-je conclu de cet enſemble des révolutions du mariage ? J'en ai conclu que ſi un Juif marié ſe convertit, & que ſa femme qui reſte Infidelle l'abandonne, alors de peur que cette déſertion ne l'ébranle, le privilege que lui donnoit la Loi des Juifs, l'Egliſe le renouvelle en ſa faveur. La diſpenſe qui lui étoit donnée ſous une Loi moins parfaite pour condeſcendre à la dureté de ſon cœur, l'Egliſe pour en conſerver la pureté, la lui donne ſous une Loi plus ſainte. Mais de ce que l'Egliſe accorde au Converti une rupture du lien, ſemblable à celle qui étoit accordée par Moyſe, il n'en réſulte pas que ce ſoit le même droit judaïque que l'Egliſe lui continue. C'eſt bien parce que ce mariage qui précédoit ſa converſion, n'a pas été fait dans l'Egliſe, que l'Egliſe ſe prête à le diſſoudre, mais ce n'eſt pas parce qu'il a été fait ſous la Loi Moſaïque.

Autrement il faudroit dire , que fi l'Eglife ne fai-
foit que laiffer aux Juifs le privilege accordé par
Moyfe ; comme les Mufulmans , comme les Idolâtres
ne tiennent point de lui leur divorce, l'Eglife , en remariant les Juifs dans notre efpece, refuferoit aux
Turcs , aux Payens convertis & abandonnés par
leurs femmes , le droit d'en prendre d'autres dans
fon fein.

Sur quoi donc a roulé toute l'équivoque de leur
défenfe ? Vous le voyez, Meffieurs ; c'eft fur ce que
j'ai dit que l'Eglife laiffe, dans notre Caufe, au Néophyte le même droit de rompre fon mariage qu'il
avoit avant fa converfion. Mais , difent-ils , fi c'eft
le même droit, donc en prouvant qu'il ne l'avoit pas,
l'Eglife ne lui peut rien laiffer.

D'abord ma premiere réponfe, c'eft qu'il l'avoit,
puifque le divorce , chez les Juifs , rompoit le lien ;
ainfi mes Adverfaires ne-gagneroient même rien à
détourner le fens de ma défenfe.

Mais ma feconde réponfe, c'eft que je ne dis pas
que ce foit du divorce de la Loi écrite qu'il réclame
aujourd'hui l'ufage, qu'il ne faut point fubftituer d'autres idées aux miennes pour combattre enfuite celles
qu'on me prête ; & que , quand je dis que l'Eglife
donne à Levi le même droit qu'il avoit fous Moyfe,

je ne parle que d'un droit égal , d'un droit pareil , d'un droit dont les effets font femblables & font les mêmes. Mais voulez-vous que je vous paffe, contre toute vérité, que le divorce toléré par Moyfe ne rompit pas le nœud du mariage ? Eh bien ! Levi reçoit aujourd'hui de la Loi nouvelle une difpenfe qu'il n'avoit pas fous la Loi Mofaïque ; voilà tout ce que vous gagnerez à une hypothefe auffi fauffe. Mais de ce qu'on vous aura accordé que le divorce des Hébreux ne touchoit pas au lien, il n'en réfultera jamais que l'Eglife ne puiffe le rompre dans l'efpece qui fe préfente.

En un mot, Dieu a fait le mariage indiffoluble , *quod Deus conjunxit homo non feparet.* L'harmonie de la Société exigeoit qu'il lui imprimât ce caractere; mais de quelqu'importance que foit fur la terre l'exécution de cette Loi , comme l'intérêt des ames paffe avant tout aux yenx de Dieu, il lui eft libre , lorfqu'un plus grand bien le demande , d'en autorifer la difpenfe ; alors la diffolution du mariage , quoique contraire à l'origine, *& ab initio non fuit fic* , eft jufte lorfqu'elle eft dans fon ordre ; mais comme il n'agit point d'une maniere immédiate & vifible , il a de tout temps établi des dépofitaires de fon pouvoir. Ainfi les Juifs , dont le cœur étoit fragile &

foible, ont-ils befoin des fecours du divorce ? Dieu charge Moyfe fon Miniftre & fon Légiflateur de le permettre. Ainfi l'Infidèle converti trouve-t il dans la fuite de fa femme, toujours Infidelle, une occafion de chûte trop dangereufe pour fa foi ? Dieu confie à l'Eglife par la bouche de fon Apôtre, le droit de rompre ce lien funefte.

Voilà donc deux difpenfes différentes, l'une donnée aux Juifs par Moyfe, l'autre donnée par l'Apôtre aux Infidèles convertis. Il s'agit ici de la feconde, & nos Adverfaires attaquent la premiere ; mais d'abord ils ont tort, elle eft certaine, elle eft conftante, je l'ai prouvé ; de plus, ils n'ont nul intérêt à errer fur ce point, puifqu'encore une fois ce n'eft point de la difpenfe promulguée aux Juifs par Moyfe qu'il eft queftion ici, mais de la difpenfe promulguée en faveur de la foi par l'Apôtre aux Infidèles convertis : *A Chriflo Domino conceffô & per Apoftolum Paulum in favorem fidei promulgato*, pour m'exprimer comme le Souverain Pontife qui préfide aujourd'hui l'Eglife.

L'intérêt de la foi eft donc l'objet que l'Apôtre s'eft propofé : mais quelles raifons le déterminent ? Ce n'eft point moi, Meffieurs, qui vais parler : c'eft S. Thomas, ce font tous mes Auteurs.

Ce mariage formé loin de l'Eglife n'étant point accompagné

compagné de graces comme ceux qui se font dans
son sein, n'étant point ratifié, étant moins parfait à
ses yeux, n'ayant point la vertu que donne la Loi
nouvelle aux alliances chrétiennes, enfin étant soumis à une Loi grossiere & antérieure à cette Loi
d'amour qui éleve les nôtres à la dignité de Sacrement, l'Apôtre n'a garde de les confondre avec ceux
que Jesus-Christ scelle lui-même ; & quand les cir-
constances font que ce nœud prophane ne peut que
nuire, l'imperfection du mariage en lui-même, jointe
au danger qu'il y auroit à ne le pas dissoudre, font
les sages motifs de la décision de l'Apôtre.

Le nœud qui vous effraye, dit l'Eglise à son nouvel enfant, rassurez-vous, il n'en devient pas plus pe-
sant, parce que je deviens votre mere. Les époux
que j'unis moi-même ne connoissent ni polygamie ni
divorce ; mais votre nœud étoit formé avant que je
vous adoptasse, & puisque l'épouse qu'il vous donne
se sépare & vous fuit, rompez-le, je le permets.
Chargé d'un joug qu'il ne pourroit ni porter ni quitter, votre cœur devroit haïr la même femme comme
Infidelle, & l'aimer comme épouse ; qu'il s'affranchisse
d'un pareil esclavage : cette servitude n'est pas faite
pour un Chrétien : *Non est servituti subjectus frater
vel soror in hujusmodi.*

8 M

Voilà les vues précieuſes auxquelles les Néophy-
tes doivent la diſpenſe que leur conteſtent nos Adverſaires. Mais eux qui en nient l'exiſtence, qu'ils
nous apprennent donc à leur tour d'après quels motifs ils ſoutiennent que cette permiſſion n'a pas lieu.
Car enfin, quand j'ai eu avancé que l'Egliſe accordoit
cette diſpenſe, je l'ai d'abord établie par les faits,
puis j'ai expoſé les raiſons ſur leſquelles elle étoit appuyée. Ils avancent au contraire que l'Egliſe ne permet point cette diſpenſe; qu'ils diſent donc auſſi pourquoi l'Egliſe ne la doit point permettre.

Le croiriez-vous, Meſſieurs, ſi vous-mêmes n'en
aviez été les Témoins, que nos Adverſaires ont plaidé
ſix Audiences, ſans vous donner un ſeul motif, qui
s'appliquât directement à la Thèſe qu'ils établiſſent?
Ils introduiſent par fiction ſur la ſcène un Prince
Payen, fort bien inſtruit de notre Religion, & tout
prêt à entrer dans l'Egliſe. Comme ce Prince va faire
le premier pas, il apprend que, ſi ſa femme reſte Infidelle & l'abandonne, il pourra prendre une autre
épouſe; auſſitôt ce Prince effrayé d'une vérité toute
faite pour le raſſurer, fuit & retourne dans ſes ténébres. Cet effroi ſans doute eſt biſarre & d'autant plus
ſingulier de ſa part, qu'il doit être dans le Pays d'où
on l'amene, tout accoutumé au divorce. Mais ce Prin-

ce ne nous dit pas pourquoi l'Eglife doit refufer la difpenfe dont il s'agit. Qu'ils nous répondent donc à une, demande fi effentielle : car moi, Meffieurs, je les fatisfais, ce me femble, fur toutes les queftions qu'ils m'adreffent.

Me demandent-ils, par exemple, fi l'on remariera un Proteftant abandonné par fa premiere époufe.

Je leur réponds, qu'on ne le remariera point, que le privilege donné aux Infidèles n'eft point donné à ceux qui font Chrétiens, que les Proteftans croyent à Jefus-Chrift, que les Proteftans reçoivent le Baptême, que les mariages des Proteftans font formés fous la Loi Chrétienne, & qu'il fuffit pour leur répondre de relever cette prodigieufe difparité.

Me demandent-ils encore à quel inftant métaphyfique Levi fe trouve libre de promettre fa foi à une nouvelle époufe ; ce problême n'eft pas difficile à réfoudre.

C'eft à l'inftant où fur le refus de fa premiere femme, l'Eglife lui permet d'en chercher une autre dans fon fein. Il eft vrai que cette permiffion de l'Eglife renferme la condition que la premiere perfiftera dans fon refus. La liberté de Levi confifte donc à pouvoir faire une promeffe conditionelle & relative à cette permiffion ; & cette promeffe que fait Levi ne renferme ni un parjure, ni un vœu d'adultere, puisque d'un côté elle n'eſt point abſolue, & que de l'autre l'Egliſe qui défend juſqu'au déſir d'un autre nœud, au Chrétien qu'elle a lié, permet elle-même au Néophyte *abandonné*, d'offrir ſa foi à une ſeconde épouſe.

Me demandent-ils enfin comment le Baptême du Converti ne rompant point le nœud du mariage, le ſeul refus de l'Infidèle ne le rompant pas d'avantage, il eſt poſſible que deux conditions, qui ſéparées, ne pourroient rien produire, produiſent quelqu'effet, réunies?

Je leur réponds, qu'un homme ſans yeux ne ſçauroit voir, quoiqu'il ſoit jour; qu'un homme avec des yeux ne ſçauroit voir quand il fait nuit, & qu'ils n'auroient garde d'en conclure qu'un homme ne ſçauroit voir avec la lumiere & des yeux.

Si cependant cette docilité à diſſiper leurs doutes ne ſçauroit vaincre leur ſilence ſur les motifs du refus qu'ils ſoutiennent, leur ſuffira-t-il de nous dire?

Il eſt bien vrai que les exceptions ſont poſſibles, que nous ne voyons pas même pourquoi celle-ci ne doit pas avoir lieu; il y a plus, nous ſçavons même encore qu'elle a lieu dans l'Egliſe, que toute l'Egliſe la trouve conſignée dans Saint Paul; mais enfin, ni mon Confrere ni moi, ne penſons que l'Egliſe ait entendu Saint Paul.

Et moi, je leur dis à mon tour : nous convenons de
part & d'autre que les exceptions font poffibles, puifque la Loi du mariage n'appartient, felon vous - mêmes, qu'au droit naturel fecondaire. La tradition de
toute l'Eglife, fa doctrine, fa difcipline fondées fur un
texte de l'Apôtre, démontrent évidemment l'exiften-
ce de celle-ci. J'ai fait voir la fageffe & la folidité des
raifons & des vues qui ont déterminé l'Apôtre à nous
tranfmettre une exception fi utile & fi jufte.

Ainfi cela peut être, cela eft, cela doit être ; eft-il
au pouvoir de la raifon humaine de raffembler plus
de preuves fur un objet ?

A quels preftiges faut-il que l'efprit s'abandonne
pour ne trouver qu'embarras & qu'incertitude dans
une matiere fimple, lumineufe, fatisfaifante, où brille
de l'éclat le plus pur une vérité qui remplit tous les
tems, & qui porte par toute la terre l'impreffion de
refpect, le caractere d'autorité dûs à la fource qui
nous l'envoye ? Mais, Meffieurs, de cette fource jufques à nous, elle defcend d'une maniere fi rapide &
fi sûre, qu'elle renverfe de fon propre poids les obfta-
cles qu'on a fait naître fur fon paffage.

Enfin ma défenfe eft complette. Il ne me refte qu'à
repouffer quelques reproches perfonnels que mon
8 M iij

Adverſaire a oppoſés inconſidérément & ſans preuve à Levi. C'eſt par cette attaque directe qu'on l'a vu commencer ſa cauſe. Il ſe reporte à ces jours de ténébres qui précédoient la converſion d'Elie Levi, pour voir s'il n'y trouvera point quelques faits humilians qui puiſſent répandre dans l'Audience des préjugés toujours funeſtes ; & afin que s'il ne peut percer ce nombre illuſtre de Défenſeurs de tous les lieux, de tous les ſiécles, qui environnent le Chrétien, du moins le Juif accablé de honte & de reproches tombe de lui-même au milieu d'eux : le Défenſeur d'un Evêque cherche à le noircir de nouveau des fautes qu'a lavé ſon Baptême. Mais quelles ſont donc ces fautes ſi énormes ? Il ne peut en alléguer aucune, il répand des doutes, jette des ſoupçons, ne parle que de déſordres & de débauches : mais ces expreſſions vagues & deſtituées de preuves montrent, par le déſir qu'il auroit à préſenter des faits, l'impoſſibilité où il eſt d'en rapporter un ſeul.

Mais, dit-il, Levi a eu pour l'inſtruire un Prêtre diſſolu, qui ſe livroit à de honteux plaiſirs ; or ſi ſon Guide étoit ſi dépravé, il eſt à croire qu'il l'a ſuivi dans ſes écarts ; il prétend bien, ajoute-t-on, n'avoir pas partagé ſa conduite, mais j'ai peine à me le perſuader.

Doit-on donc déshonorer un homme par conjec-
ture, & eft-ce la faute de Levi fi l'on fe permet contre lui des jugemens & des imputations qu'on eût dû
s'interdire ?

J'ignore, ajoute-t-il enfuite, ce qu'il a fait depuis
fon Baptême, je veux même croire qu'il a réformé
fes mœurs.

Mais fi fes mœurs font réformées, & les fautes
qu'il eût commis alors, s'il ne les commet plus, ne
font-elles pas aujourd'hui fon éloge ?

Voilà donc d'un côté notre Adverfaire qui convient que depuis fon Baptême il n'a rien à lui reprocher.

D'un autre côté, le Curé de Levi attefte, par un
certificat en forme, *que fes mœurs font réglées*, *que
fa conduite eft bonne*; ainfi tout fon crime, Meffieurs,
c'eft de reclamer l'ufage d'un droit que l'Eglife lui
donne.

S'il étoit véritablement pur, il ne feroit pas, nous
dit-on, la démarche indécente que lui fuggere une
foiblefe honteufe.

Eh bien! fuppofons qu'il foit foible, il peut l'être
fans doute; mais alors, fi c'eft un crime d'échouer
dans les épreuves par où Dieu le fait paffer, c'en eft

un d'une autre nature de s'expofer foi-même à celles qu'il nous veut épargner. Le Néophyte délaiffé par fa femme peut ufer à fon gré du droit qu'il a d'en prendre une autre; mais fi les paffions qui agitent fa folitude font au-deffus de fes efforts, le privilege devient précepte, en faire ufage devient obéiffance, & n'eft plus que le pieux effet d'une foumiffion religieufe. Et cependant du befoin même qu'il en a, notre Adverfaire s'en fait un titre pour l'en priver. C'eft parce qu'il eft foible, que l'Eglife le lui accorde, & l'on trouve jufques dans fa foibleffe, une caufe pour le lui ravir.

Pour faire ceffer les dangereux combats que fes penchans livroient à fon devoir, l'Eglife tourne vers la fageffe les mouvemens qui l'emportoient loin d'elle, & lui donnant elle - même l'exemple de la charité qu'elle enfeigne, elle le retient fur la pente, par un nœud légitime qui fixe tous fes defirs : & nous, qui fans ceffe recevons d'elle de nouveaux dons, nous envierons ceux qu'elle lui veut faire; nous arrêterons la main qu'elle tend à fon nouvel enfant, & l'adoption qui le rend notre frere, nous rendra fes perfécuteurs. Quel intérêt avez-vous donc à exciter en lui ces plaintes ameres, ces trifteffes profondes qui, renverfant les deffeins de la Providence, n'éleveroient que révoltes & que murmures dans un cœur où, fans vous, la paix auroit accompagné la foi ?

Mais ce n'eſt point ici, Meſſieurs, l'intérêt d'un feul homme que je défends. Vos yeux s'ouvrent fur un fpeɛtacle plus vafte & plus noble encore. Si l'Arrêt que j'efpere de vous ne peut qu'être utile aux deux Puiſſances, que gagner des Serviteurs à Jefus-Chriſt & des Citoyens à l'Etat, quelles conféquences effrayantes fuivroient celui que vous demandent nos Adverfaires ?

Que d'Infidèles, épouvantés d'une folitude trop dangereufe, il empêcheroit de marcher vers l'Eglife !

Et fans porter nos craintes dans l'avenir, il jetteroit & le défefpoir & le trouble dans le fein d'un nombre de familles qui, fatisfaites & tranquilles fur la foi de pareilles alliances, s'applaudiſſent, peut-être en ce moment, du foin & de la bonté qu'à l'Eglife de répandre fur fes différens enfans, des graces de plus d'un genre. Et ces graces qui font l'objet de leur plus tendre reconnoiſſance, leur feroient retirées par vos mains, pour ne leur laiſſer voir dans un mariage pur, dont la vertu a contribué peut-être à les affermir dans la foi, qu'un adultere criminel, digne de haine & de mépris !

Non, non, Meſſieurs, des motifs ſi intéreſſans &
ſi forts vous élevent tous, je le vois, à ces vues ſupérieures de bien public, que vos travaux & vos lumieres vous font remplir depuis ſi long-tems, avec
gloire.

Me LOYSEAU DE MAULEON, Avocat.

De l'Imprimerie de CH. ANT. JOMBERT,
rue Dauphine. 1758.